オンライン対応

# 占い起業のはじめ方、成功の技術

星絢［著］

星ゆかり［画］

彩流社

# はじめに

　本書を手に取って頂き、ありがとうございます。この本のタイトルを見たとき、あなたはどのように感じましたでしょうか？　また、どのような期待を持ちましたでしょうか？

「自分が好きな占いを仕事にして稼ぐことができるの⁉」そう思われたかもしれませんし、「事業や副業として、占いってどうなの？」と思われたかもしれません。

　一昔前まで占いは、"受けるもの（観てもらうもの）"という価値観が一般的でした。しかし、最近は不安定な世の中に将来的な不安を抱く人が増え、同時に占い師がメディアで活躍するようになったり占い師になる人が現れたりして、個人起業・副業をする選択肢の1つとして占いを検討する人が増えてきています。

　あなたが占いに対してどのようなイメージをお持ちかは分かりませんが、占いは本当に素晴らしいものです。詳しくは本編でお伝えさせて頂きますが、占いは事業にするハードルが非常に低く、人を幸せにして喜ばれるお仕事です。「怖い」「難しそう」などのイメージや体験をお持ちの方も少なくないようですが、僕が提案している占い師のスタイルは、『人を幸せにすることに焦点を当てる』です。

　そうすることで、やりがいや充実感を感じながらイキイキと仕事をすることができます。また、"何を知っているか"よりも"何を言ってあげるか"のほうが大事なので、細かい知識がなくても占い鑑定が成り立ちますし、逆に"占い結果を観て人を観ず"という人を不幸にしてしまうパターンに陥ることもありません。

　僕は占い師の起業支援に使命感を感じてその仕事に注力していますが、僕がどんな人間なのか、なぜそれを仕事にしているのかを、簡単に自己紹介させて頂きたいと思います。

　そもそも僕は、占いに興味はありませんでした。青森県の、住所に"字"

が付くほどの田舎の出身で、高校卒業後に漠然とした期待を抱いて上京しました。二十歳の頃に人財育成をしている会社と出会ったことをきっかけに「起業したい！　成功したい！」と思うようになりました。しかし、何をやっても、どれだけ自己投資・事業投資をしても、事業が繁栄することはありませんでした。飽きっぽい性格もあり、アルバイトや派遣などで雇用された企業は50社にもなり、何の実績も強みもないまま、20代の終盤までとにかく動きまくりました。あったのは、強い独立志向と行動力だけでした。

　細かく書くとそれだけの本になってしまうのでかなり端折らせて頂きますが、29歳の頃にすべてを失いました。「これから何をして生きていけばいいんだろう……」人生の方向性に迷い、来月の家賃も払えなかったので、箱根のホテルで住み込みで働くことにしました。空いている時間は山道を歩いて自分は何がしたいのかを自問自答しました。当時は500万円の借金もあり、バイト代を前借りしても返済に追いつかなかったので、債務整理もしました。

　これまでの人生、思えば『人のため』とか言いながら、結局は自分のために生きていたこと、損得勘定ありきの薄い人脈ばかり築いてきたことに気がつきました。「僕が本当にやりたいことは、何なんだろう」それを問い続けて、1つの答えが出ました。

　それは、生涯の仲間作りをすることでした。数少ない友人の協力もあり、僕は半年間の箱根生活を終えてからコミュニティ作りの活動を始めました。しかし、それも2、3年は盛り上がったのですが、炎が小さな灯になっていくようにどんどん終息していく結果となりました。そんな時に、そのコミュニティの仲間経由で知り合ったのが、僕の四柱推命占いの師である鳥海先生だったのです。

　僕は占いに関しては、動物占いをかじった程度の関心度合いでした。四柱推命とは何かを鳥海先生に訊いているうちに「コミュニティやってるんなら、勉強したほうがいいよ」と言われ、「これなら仲間たちを幸せにできるかもしれない」と思いました。ただ、それでも当時お金がなくて決断しきれない僕に「後払いでいいよ」と言ってくれて、僕は導かれるように四柱推命を学ぶことになったのです。“後払い”というのは、実際は“分割払い”だということが後で発覚したのですが（笑）、まあ嘘ではないですし、僕にとって

それは背中を押してくれる最高に良いきっかけとなりました。

　四柱推命を学び占い鑑定の実践をしていくうちに、四柱推命がいかに強力なツールであるか、占いがどれだけ偉大なものであるか、占いが事業としてどれだけやりやすいのか、などを知っていくようになったのです。やがて僕は鑑定師を養成する講師の資格を取得し、四柱推命と更に学んだ運命学、以前に通っていた経営塾での学び、経営コンサルタントの助言を活かして、月収100万円→法人化→年商3000万円と飛躍する運びとなったのです。

　思えば僕は20代の前半から起業支援がしたいと思っていました。しかし僕がいくらマーケティングを学んでそれを伝えたところで、実績がなかったので的を射た助言をすることはできませんでした。そんな僕には説得力も信用もあるわけがなく、起業支援が成り立つはずもありませんでした。

　でも、「今ならできる」そう思ったのです。今なら『四柱推命』『更なる運命学』『経営技術』という最高レベルの３大ツールがあります。実績もどんどん積まれてきています。

　はっきり言って、占いで稼ぐというのは、僕からするとかなり余裕です。楽勝です。四柱推命でなくても、占いであれば難易度は低いでしょう。多くの占いは学問ですから、特殊な能力や才能も必要としません。誰でもできますから、ご安心ください。

僕も元はただの田舎者からのスタートでしたし、幸いなことに僕は情報を分かりやすくまとめる能力が人並み以上に高いようです。これまで培ってきた僕の事業メソッドを、普通の主婦やOLの方でも分かりやすいようにお伝えさせて頂きます。

　事業を繁栄させていくために、僕の中で重要だと思うポイントは20項目くらいで、どれも簡単なことばかりです。それらを１つずつクリアしていけばよいのです。もちろん、これまでのあなたの人生がベースになりますので、すでにクリアできている部分もあれば、逆に時間がかかる部分もあるかもしれません。

　いずれにしても、あとはやるか・やらないか、ただそれだけです。起業後のイメージもしやすいように、また、実践的な内容となるように、本書には具体的なことをたくさん書いています。ぜひ実践することを優先させて何度も読み返しながらご活用ください。

　本書が、これまで事業をしてきた経験がない方の『希望の書』となりますように。起業を決意した方の『指南書』となりますように。この一冊が１つの光となって、世の中をより明るく照らし、人も国も社会も、もっと豊かになりますように。あなたの更なる幸福のきっかけとなりますように。

占い起業のはじめ方、成功の技術 ［目次］

# 第8章　邪気を払う

# 第9章　月収100万円を目指す

## 第10章　不安を解消して、前に進む

# 占いを仕事にする
# ということ

# そもそも占いとは何か

## ❖ 高い的中率を誇り、重要なことにほど使われてきた崇高な学問

"占い"と聞くと、朝テレビでやっている12星座で観る今日の運勢を思い浮かべる人もいれば、花占いのような単純なものを思い浮かべる人もいるでしょう。しかし、本来の占いは、そのような精度が低くて安っぽいものではありません。高い的中率を誇り、生きるためや国を治めるためなどの重要なことにほど使われてきた崇高な学問なのです。

念のため補足しておきますが、星占いがダメだと言っているのではありません。星座占いでは日の運勢までは明確に出すことができず、チャンネルを変えれば違う結果が出るのは本来の占いの姿ではないということです。内容がテキトーであっても前向きに使ったり、エンターテインメントとして楽しんだりする分にはよいと思います。

占いがなぜ当たるのか、なぜ6000年もの歴史があり今なお使われていると思いますか？ それは、占いの種類にもよりますが、占いとは自然界の法則を見える化したようなものだったり、天体や環境が心や意識に与える影響を体系立てたものだったりするからです。

占って、とっても自然なものなんだね

例えば、日本人に馴染みのある 十二支は、時間と方角を表します。最もポピュラーなのは、今年はウシ年、来年はトラ年などと使われる"えと"ですが、3月は卯月・6月は午月などと月も表します。午月は真夏ですから暑くなります。それを信じない日本人はいないと思いますが、それが占いなの

です。

　占いは、そのようにして元はシュメール文明のカルデア人が暦を作ったことからカレンダーと呼ばれるようになり、農作物を育てるために使われていました。最も占いが使われたのは中国で、軍略などで活躍し、多くの人が使いすぎたためか2016年には法律で占いが禁止されたほどです。

　日本でももちろん使われています。伝統文化である相撲も元は占いで、「ハッケヨイノコッタ」は、「八卦（すべて）が良い状態に整いました。さあ、どっちが残る？」という意味です。

　徳川家康が風水を活用していたのは有名な話ですし、今も皇室で占いが使われています。古事記にも占いが出てきますから、占いが日本に浸透しているのは自然なこととも言えますね。また、中曽根元総理大臣と長嶋茂雄氏には同じ占い師が付いていて、２人の家を入れ替えることによって成功したというエピソードもあります。また、企業はイメージが大事なのであまり公にはしませんが、大企業で使われている事例も多々あります。

　占いに対しては、スピリチュアルや特殊能力、また怪しいイメージを持っている人も多いと思いますが、実際は信頼性の高い学問であり、誰でも習得することができるものです。占いを信じない人や毛嫌いする人は、占いが何かを理解していないか、過去に何か嫌なことがあったのではと思いますが、占いを使わないことは非常にもったいないことなのです。

# 占いを仕事にするということ

## ❖ 占いをする目的は、「人を幸せにすること」

　占いを仕事にする人・している人の目的は、大枠で言えば共通して『人を幸せにすること』です。しかし、現実を見ると占い師の中には、相手を依存させてリピート客にしたり、価値に見合わない高額なものを売ったりする人も少なくないようです。

　占い師も生きていかなければなりませんから、こうなってしまうのは仕方がないのかもしれませんが、占いは多くの人が素直に信じてしまいますので、目をつぶってもいられません。すべての占い師は、どうすれば目の前の人が

今よりも幸せになるのかにこだわり、そのクオリティを追求すべきだと考えています。

　例えば、結婚したいという相談者さんの占い結果に「結婚が難しい」と出た場合、「あなたは結婚ができません」と言うと、その人が結婚できる可能性は占いを受ける前よりも低くなってしまいます。逆に「努力次第で結婚はできますよ」と言ってあげると、その確率は上がります。

　これは、占い結果を無視しているわけではありません。運命は、変えられるのです。現に、四柱推命で結婚の星がなくても結婚している人はいますし、手相も生き方によって変わっていきます。良くないことを言うときは、どのような工夫や努力をすればその人の理想が実現されていくのかという対策もセットで伝えるようにしましょう。

　逆の例も紹介しておきましょう。結婚したいが出会いがない人に対して、占いで来年結婚運が高まるという結果が出たとします。その時、「あなたは来年、結婚できますよ」と言いっぱなしにするのもよくありません。なぜなら、それによって相手は油断をするかもしれないからです。もしかすると、今年婚活をして出会う人と来年結婚する運命だったのかもしれず、来年に期待をして今年何もしないことを選択されてしまったら、パートナーと出会う確率は一気に低くなってしまうのです。

　もしかして、ちょっと難しそうだと思いましたか？　人を幸せにすることは、追求するべきことではあると思いますが、あまり重くとらえる必要もあ

りません。なぜならどんなプロの占い師でも、最初は未熟な見習いから始めるのは当たり前ですし、人は人に迷惑をかけたりいろいろな影響を与え合ったりして生きているからです。

　間違えたり失敗したりしても、人間ですから、仕方がありません。大事なのは、その誠意を尽くす気持ちです。もっと言えば、相手にショックを与えて落ち込ませてしまったとしても、相手はその言葉を受け取るべきタイミングだったのかもしれません。みんな、自分の人生の責任は自分でとるものだということは、分かっていると思います。

　人を幸せにするには、次のような意識を持つとよいでしょう。

・本来の自分を活かすようにしてあげる
・自分は素晴らしい人だという価値を感じてもらう
・自信を持たせる、勇気づける、元気にしてあげる
・潜在意識に良い情報を入れてあげる
・現状がより良くなる助言をする
・幸せを今以上に感じるようにしてあげる

　基本的には、占いで出た良いことをたくさん言ってあげることです。ネガティブな結果が出たとしても、良いことと良くないことは表裏一体ですから、ポジティブな表現に変えてあげましょう。例えば、「頑固で人の話を聞かない」と言うよりも、「芯が強くて周りの意見に流されない」と言ってあげたほうがよいですよね。これらは同じ意味ですが、相手に与える影響は大きく変わってきます。

　占いは一般的に「未来を言い当てる」というイメージがあるかもしれませんが、それはほぼ不可能ですし、そうすることにあまり意味はありません。ただ、ある程度の推測をすることはできますので、その傾向に合わせて今をどう過ごせばよいのかというアドバイスをしてあげるとよいでしょう。

　もし鑑定をしていくことに不安があっても問題ありません。本書では、どう始めていけばメンタル的にもやりやすいのかも書いていますので、後述の内容を参照頂ければと思います。

# 占いを事業にするのは簡単

## ❖占いは、"ズルい(賢い)サービス"?

　占いは、ある意味、"ズルいサービス"です。なぜなら、多くの人が元から占いが好きなので、「占いやっています」と周知するだけで申込みを頂けるのです。お祭りでチョコバナナやベビーカステラを売るくらい簡単です。実際、イベントの占いコーナーに行列が出来ているのを見たことがある人もいると思います。他の多くの職業では、「○○始めました」と言ってもそこまで簡単ではないでしょう。試しに、「占いを勉強しようと思っている」と友人・知人に話してみてください。多くの人が「私も観て」と言ってくるでしょう。

　僕の講座の受講生さんでも、学んでいる途中から申込み希望者が現れるというのはよく起こる現象です。みんな占いに興味はあっても、抵抗があったりきっかけがなかったりで、ちゃんと観てもらったことがない人も多いですし、観てもらうことに抵抗がない人は、状況が変わったらまた観てほしいものでもあるのです。

　もちろんそれに甘えないほうがよいとは言っておきます。事業家として、相手の願望実現や問題解決のツールとしてサービスを提案し、そのクオリティを追求するスタンスは大事です。ただ、ここで言いたいのは、事業の序

盤ではそこまで考えなくてもやっていけるということです。占い鑑定は60分１万円くらいが相場ですから、それくらいであれば周知する量に応じてお申込みは頂けるはずです。

　別の見方をすると、『ズルい＝賢い』です。大手のメーカー企業などは、何が売れるかを莫大な時間とお金をかけてアンケート調査などをしてから製品を製造します。それをしないと赤字になってしまうリスクが高いからです。当然と言えば当然のことですが、個人起業家の多くは、そのような市場調査をせずに自分が好きなことで事業をやろうとします。だから上手くいきづらいのです。

　よく、「マーケティングをしましょう」と言われますが、マーケティングとは本来、市場調査のことです。どう売るか、よりも、何をどこに出せば簡単に売れるか、という意味合いが強く、そちらのほうが大事だということです。そういう意味では、占いはすでにマーケティングがされているサービスだと言えます。需要は常にありますし、大手は企業イメージを守るため参入してくることは考えづらいです。上手くいきそうなサービスや何を仕事にするのかを見極めることも、起業家としての資質でありセンスなのです。

### ❖経験がないことでも助言ができる
　占いを事業にするのが簡単な理由は、もう１つあります。それは、『実績を求められないから』です。同じような個人セッションには、コーチング、コンサルティング、カウンセリングなどもありますが、それらは"どれだけの実績があるのか（本当に自分の悩みを解決してくれるのかの証明）"が求められます。しかし占いは、知識・読み解き方・正しい手順などの基礎的なことさえ知っていれば、それだけで信用されるのです。

　現に僕自身も、今でこそ起業関係の相談しか受けていませんが、子育ての経験がないのにその相談が来たり、結婚する前から離婚の相談が来たりしていました。経験がないことを相談されても「知らねーよ！」って言いたくなりますよね（笑）。それでも占いで観ると何かしらの助言ができるようになるのです。

　当時はもちろん最善を尽くして鑑定させて頂きましたが、それが的確で良

い助言だったかどうかは分かりません。ただ言えることは、占いができるというだけで、経験がなくても信用されて相談される対象になるということです。

　何より、僕の最大の成功要因は、四柱推命を仕事にしたことだと思っています。鳥海先生に出会うまでは、何をやっても事業が繁栄することはありませんでした。好きなことや人生を追求した後に辿り着いたことも、上手くいきませんでした。それが、四柱推命なら上手くいったのです。

　よく、『好きなことを仕事にして成功する』ということがもてはやされていますが、僕からすると、それは逆です。上手くいったことを好きになるのです。だって、上手くいくということは、需要があって人に喜ばれてお金も頂けるということですから、それは有難いし嬉しいですよね。そんなことをもたらしてくれるなら、好きにもなりますよね。

　元からの自分が好きなことややりたいことは、上手くいった後でやればよいのです。そのほうが資金もできますし、結果として早く理想に近づけるのではないかと思っています。……というか、そもそもあなた、占い、好きですよね？　好きなことで上手くいく確率も高いのなら、それがベストでしょう。

# 占いを学ぶメリット

　占い自体の価値と、占いを仕事にすることの価値は、先に書いた通りですが、占いを学ぶことは本当に人生を豊かにしてくれることに通ずると思います。占いは仕事にすれば収入も得られやすいですが、仕事にしなくても生涯を通して人生に非常に役立つツールです。今後、あなたの人生でいろいろな現実面・精神面の波があると思いますが、占いはいつもあなたの味方になってくれるでしょう。

### ❖占いを学ぶメリット１　自分や家族・友人の運勢を良くすることができる

　占いは、種類によって「できること」「得意なこと」が違いますが、本来の自分が持っている資質や強み、性格、課題、運気の流れ、相性などをいつ

も参考にすることができたり、その時のテーマが分かったりします。自分や
家族・友人に常時使っていくことで、どうすれば運勢がもっと好転していく
のかをその都度導き出すことができます。

### ❋占いを学ぶメリット２　充実したライフワーク人生を送れる

　相手に喜ばれるスタンスでちゃんと鑑定をすれば、それ自体が自分にとっ
ても嬉しいことですし、鑑定料も喜んで支払って頂けます。実際に相手の人
生が好転していきますので、働きがいは充分でしょうし、人生の多くの時間
は仕事をするのが一般的ですので、人生が充実していくでしょう。占いを学
んだ際の仲間もいれば、更に有意義なものになるでしょう。

### ❋占いを学ぶメリット３　多くの問題を解決できる

　世の中の問題は、占いをやっていないから起きている、というと偏った意
見のように聞こえるでしょうか。でも実際にニュースで取り上げられる事件
を見てみると、

・本来の自分を活かしていないから
・相手の特性・性格を知らないから
・注意点を無視しているから
・天中殺の過ごし方を知らないから

- その時々の判断を誤っているから
- 人を幸せにしたいと思っていないから

などなど、占いを使っていれば未然に防げていたようなものが多いのです。より多くの人が本来の自分の能力を発揮してイキイキと仕事をしてストレスの少ない生活を送っていれば、ニュースで見かける無職やフリーターが起こす事件は減るのではないでしょうか。

　個人レベルの問題を考えてみても、人の悩みは大体、健康・仕事・お金・恋愛結婚・人間関係のどれかであると言えますが、占いを使えばそれらの対策をすることができるのです。社会は人が作っていますから、占いを使う人が増えることで、多くの社会問題の解決にも繋がると思っています。

## ❀占いを学ぶメリット4　成長できる

　占いを学ぶということは、自分や他人の人生と向き合っていくということですので、その時々で「人について」「自分について」「人生や幸せについて」考える機会も増えるでしょう。物事をどう判断するかの軸を持つこともできるでしょう。それは、人柄を磨いたり、愛や思いやりや感謝を忘れにくくなったり、志や向上心を育てることにもなるでしょう。人は、心や精神の成長度合いによって、幸福度も上がっていくものです。

## ❀占いを学ぶメリット5　事業の売上が上がる

　いかに占いを仕事にしやすいかについては前述した通りですが、占いは本業にしなくても、充分に活用することができます。基本は事業をやる本人の資質や運気のバイオリズムを活かすことですが、チーム編成を考える時にも使えますし、法人であれば設立年月日が誕生日ですので、どういう会社にしたいのか、また、社長との相性などを観て設立日を決めることもできます。世の中には、四柱推命で企業の上場サポートをしている会社もあるようです。

　また、占いはみんなが興味を持ちやすいので、本業のフロントサービスに使うこともできますし、オプションやサービス強化や、顧客フォローに使うこともできます。例えば生命保険の営業活動とは相性が良く、相乗効果を生

めるでしょう。どちらも生年月日を聞いてライフプランの相談に乗り、リスクヘッジの話をするという共通点もあります。

## ❖占いを学ぶメリット6　出会いが増え、交流がスムーズになる

「出会いがない」とはよく聞くフレーズですが、起業をするにしても婚活をするにしても、まずは良い人と出会うことがポイントとなります。そんな時、占いができればそのきっかけを容易に作ることができます。なぜなら、女性であれば占いは好きですし、前向きな男性も統計学は気にするからです。

自己紹介をするだけで相手は興味を持ち、サービスでちょっと見てあげるだけで喜ばれ、話が盛り上がって仲良くなれますので、「口下手な人」「人見知りの人」ほど占いを活用するとよいでしょう。

もちろん、そこから自分の性格と相手の性格、そして相性を観ることもできますので、誰とどのように付き合っていけばよいのかも導き出せるようになります。

## ❖占いを学ぶメリット7　老後の対策になる

占いを使える人の最大のメリットは、老後にあるのではないかと思います。占いは口さえ動けばできる仕事ですので、80歳になっても90歳になってもできます。生涯、手に職をつけることができますし、年を重ねるほど人生経験が増え、早く始めるほど鑑定経験も増えますので、そのクオリティもどんどん上げていくことができるでしょう。50歳から始めても、80歳になるころには鑑定歴30年の大ベテランになれます。

そして、仕事をしていればお金も頂けますので老後の資金対策にもなりますし、ボケ防止にもなります。生涯、健康で、お金もあって、お客様と家族ぐるみの付き合いをするなど豊かな人間関係にも恵まれることでしょう。

# 占いを仕事にする第一歩

## ❖占いの種類は『卜』『命』『相』の3種類

さて、実際に占いを仕事にするには、何から始めればよいでしょう？　流

れとしては、単純です。①知識を身につける、②それを元に人を占う、ただそれだけのことです。ですから、まずは知識を身につける必要があります。知識は本や講座などで学ぶことができますが、まずは占いの種類を知っておいたほうがよいでしょう。

　東洋の考え方では、占いの種類は『卜（ぼく）』『命（めい）』『相（そう）』の３種類に分かれます。『卜』とは、偶発的に出た結果を元に占うもので、易やおみくじ、西洋のものも入れるとタロットもそれに該当します。『命』は主に生年月日から生まれ持った宿命を読み解くもので、四柱推命・算命学・気学・数秘術などがあり、西洋占星術も同じ種類です。『相』とは、物の形からエネルギーの流れを観るもので、手相・人相・墓相・家相・風水などがそれに該当します。

　それぞれに役割や特徴・得意不得意がありますので、それぞれを１種類ずつでもできればベストなのかもしれませんが、３つの占いを一気に習得するのは、相当な時間と熱量が必要なので、妥協してしまうのではないかと思います。オススメは、１つの占術に絞って学ぶことです。１つを要領よく学んで早い段階で人を鑑定して仕事として成り立たせることです。他の占術は、その後に必要性を感じて興味も湧いたら、補っていけばよいのです。

　ここで１つ覚えておいていただきたいのは、『ある基準に達したら知識量と貢献度は比例しなくなる』ということです。知識に自信がないから動けないという人も少なくありませんが、最低限の知識があれば、すでにそれを使って人を幸せにすることができるはずです。足りないのは知識ではなく、

まずはやってみるという意識です。難しいのは暗記することではなく、知識が足りないから動けないという考え方なのです。

## ❖ どこで何を学ぶか

　さて、占いを仕事にする第一歩は、どこで何を学ぶのかを決めることです。それを決めるためには、判断基準が明確である必要があります。あなたは卜・命・相のどれに興味がありますか？　性格・雰囲気・価値観・年齢・性別など、どんな人から学びたいと思いますか？　情報量・習得期間・コミュニティの有無・仕事斡旋の有無・その他フォロー体制などは、どんなものが好ましいですか？

　これらはもちろん、インターネットなどでいろいろ検索しながら考えてもよいと思います。大事なのは、自分が理想とする未来に必要なものがそこで本当に得られるのかどうかを見極めることです。インターネット上の情報だけで不明確な部分は、直接問い合わせてもよいでしょう。

　なお、四柱推命は、一般的には「最も難しい。３〜５年はかかる」「ちゃんと習得するのには10年はかかる」等と言われていますが、僕ら（鳥海流）の講座は１か月ほどで学べる内容となっています。それは、目的が占いに詳しくなることではなく、人を幸せにするということに焦点を当てているためシンプルにできているからです。

　また、普通は命式の出し方から学ぶためにそれが難しくて妥協する人も多いので、学ぶ順番を逆転させるとともに鑑定書出力システムを利用し、面白味のある『命式の読み解き方』だけ学べば鑑定ができるようにしているからです。

　他にも、専門書などで独学するという道もあります。占いの専門の本屋さんもありますから、行ってみるとよいでしょう。そして本当に独学でできそうかどうかを見極めることです。というのは、占いの本は分かりやすいものは内容が薄いものが多く、詳しく書いてあるものは難しいものが多いのです。しかも流派によって読み解き方が違ったり、何が重要なのかが分かりづらかったりもします。

　頑張って学んでも自分の知識や鑑定に自信が持てないという声もよく聞き

ます。個人的には人から直接学んだほうがよいとは思いますが、独学のほう
が適している人もいるかもしれません。本を読むこと自体は為になりますし、
業界を知るという意味でも参考にはなりますので、占い専門店に行ったり独
学にチャレンジしてみるのも良い経験になるでしょう。

第1章

# 占い起業の始め方

# 個人起業のススメ

**❖ 他の運営者が提供するサービスを利用するという方法もあるが……**

　一般的に"占いを仕事にする"というと、占いの館で働くとか、電話占いやチャット占い、スキルを売り買いするサイトなどを思い浮かべる人も多いようです。しかし僕は元から個人起業家ですから、発想が全く別です。より価値の高いサービスをより多くの人に提供し、それに見合った売上を上げていくことを考えていますし、これまでも経営塾に通って、コンサルタントにサポートしてもらい、苦手なことは外注し、少ない時間で最大の効果が出るよう、自分の事業を構築してきました。

　このような価値観で事業をやっていると、他の運営者が提供するサービスを利用するということがどういうことなのかが見えてきます。

　月10万円稼ぐくらいであれば、占いの館・電話占い・チャット占いなどでも難しくないでしょう。ただ、運営者に売上の何割かが引かれることや、待機時間があること、自分が望まないお客さんも来てしまうこと、人気が出なければ大した稼ぎにならず時給単価も上がらないことは認識しておきましょう。

　スキルを売り買いするサイトは、占いを安く受けたい人が多く集まりますし、サイトのルールに合わせなければなりませんので、事業的な自由度が低く、効果的な事業モデルを築き上げることが難しいです。もちろんサイト内

で人気になれば、それなりに稼げる可能性は否定しません。

　これらは、一定の時間や一定の期間だけ利用したり勉強のためにやってみたりすることはありだとは思います。または本人が望む働き方に合致していればそれがベストなのでしょう。それらをどの程度利用するのか、利用しないのかは、自分がどのようなライフスタイルを実現していきたいのかを明確にしたうえで判断するとよいでしょう。

　僕が本書でお伝えすることは、自分の事業を確立し、価値を高め、自立して生きる方法、月5万円や10万円を目指すところからスタートして20万円・30万円・50万円・100万円と売上を着実に上げていく可能性を秘めた方法です。

# ゼロから起業を成功させる流れ

### ✿ まずは月10万円稼ぐまでのイメージをつける

　初めに、事業経験ゼロの状態から成功させるまでのイメージをつけて頂きたいと思います。月10万円稼ぐのも100万円稼ぐのも決して難しいことではありませんが、やり方が少し違いますし、やはり月10万円くらい稼いでいる状態が基盤となってそれ以上稼げるようにしていくことができますので、まずは月10万円を稼ぐまでのイメージをつけて頂きたいと思います。このイメージをいかにできるかが、今後に大きく影響してきますので、できるだけ想像力を働かせてみてください。

　月10万円を稼げるようになるまでの流れは次の通りです。

①モニターを募る（占い鑑定の練習をさせて頂く）
②紹介・シェアをお願いし、数をこなす（同時にアンケートをとる）
③アンケートを元に鑑定と鑑定案内ページのクオリティを上げる
④徐々に値段を上げていく（同時にオプションメニューやリピート鑑定を提供する）
⑤アンケート等を元に自分スタイルの鑑定・サービスを作る
⑥活動を定期的に振り返り、自分の成功マニュアルを作る
⑦最良のお客様を分析し、少ない時間で最大の売上が上がるように調整する

　もしイメージが全くできなくても無理はありません。まだ何も説明をしていないのですから。特に『アンケート』『振り返り』『成功マニュアル』などは、僕が採用している経営技術の肝となる部分ですから、これからしっかりとお伝えしていきます。イメージをつけていくのは、本書を読み進めたりそれを実践したりしながらでも遅くありませんので、ご安心ください。

# モニター鑑定の目的

### ❧様々な傾向を知るとともに勢いをつけておく

　鑑定活動はまず、モニターを募集してモニター鑑定をさせて頂くことから始めます。そこで、事前に押さえておいて頂きたいことがあります。それは、モニター鑑定をする目的です。

　モニター鑑定は、練習のためだけにやるのは非常にもったいないです。序盤のうちに様々な傾向を知るとともに勢いをつけておくことで、占い鑑定を定価で打ち出しても継続的にお申込みを頂くことができるようになるのです。逆に言えば、それをしておかないと、値段を上げたら申込みを頂けなくなって行き詰まるという状態になってしまいます。

　『様々な傾向を知るとともに勢いをつけておく』というのは、具体的には次のようなことです。

①周囲から見た自分の良さや強みなど知る

②自分に集まってきやすい人の特性や悩みなどを把握する
③自分スタイルの確立を目指す
④集客効果のある"お客様の感想"を頂く


　１つずつ説明しましょう。
①周囲から見た自分の良さや強みなど知る
　『周囲から見た自分の良さや強みなど知る』ことは、今後の自分に合った
鑑定スタイルや商品開発などに役立ちます。例えば、「言葉に妙な説得力が
ある」「人を観る目がスゴイ」「丁寧で分かりやすい」「明るい気持ちにさせ
てくれる」などと言われたらそれを強みとしたスタイルにすれば、他の苦手
なことを無理に克服しようとしなくても鑑定が成り立ちます。
　また、僕の場合は「情報をまとめる能力が高い」と多くの人に言われたの
で、それを活かして商品を作ったりその質を高めたりしています。四柱推命
などでは先天的な自分の強みや資質を知ることができますが、今の自分の今
の時代に役立つリアルなことは、周囲からの声によってはじめて分かること
もあるのです。

②自分に集まってきやすい人の特性や悩みなどを把握する
　『自分に集まってきやすい人の特性や悩みなどを把握する』とは、自分の周
りにはどんな人がいて、どんなことを考えていて、自分はどんなことを求め
られるのかを把握しましょうということです。

というのは、自分がやりたいこと・相手にしたい人と、実際に求められていることがズレていたら、集客しづらくなるのです。例えば、自分が起業家向けに鑑定をしていきたいと思っていても、周囲にOLしかいなければ、まずはOLの方々を相手にしたほうが事業活動を進めやすいのです。

また、よく人に相談される内容は、自分がその相談に乗ることを求められやすいということですから、鑑定サービスもそのような内容がウケやすいでしょう。実際にそれをウリにしていくかどうかは、やってみてから軌道修正すればよいことですし、自分が置かれているポジションを把握したうえで判断すればよいでしょう。

③自分スタイルの確立を目指す

『自分スタイルの確立を目指す』とは、①と②を参考に鑑定サービスを磨き、「こういう人・こういう悩みに対しては、自分は非常に役に立てる」というポジションや鑑定スタイルを確立することです。

モニター鑑定中は「知り合いだから」「安いから」という理由での申込みが入りやすいですが、自分スタイルを確立せずに定価で鑑定するようになると新規での集客がしづらくなります。なぜなら、60分5000円や1万円で占い鑑定をしている人などすでに世の中にたくさんいるからです。

そこで必要なのは、『選ばれる理由』です。他でもないあなたが選ばれるのは、なぜでしょうか？　その理由を作っていく必要があります。心配しなくても、本書では追ってその方法をお伝えしますし、それは自分で考えて作るものではありません。鑑定の数をこなしながらお客様からアンケートを頂き、それを元に作っていくのです。

④集客効果のある"お客様の感想"を頂く

最後に、『集客効果のある"お客様の感想"を頂く』についてですが、その感想とはズバリ、『ビフォー＆アフター』のことです。鑑定を受ける前と受けた後でどう変わったかという変化の声です。

人は価値に対してお金を支払うのではなく、期待値に対して支払うものです。あなたの占術がいかにすごいかということは、極端に言うとお客様から

すればどうでもよいことなのです。お客様にとって大事なことは「自分が良い方向に変化すること」です。「この人の鑑定を受けた人が、こんな状態からこうなったのなら、自分もそうなるのではないか」と期待するからお金を払って鑑定を受けたいと思うのです。

　"お客様の声"というのもポイントで、いくら「私のお客さんがこう変わりました！」と言っても、今ひとつ信じがたいのです。しかし、お客様の声であれば、その人が言っていることですから、素直に信じるのです。お客様の声が素晴らしいほど、申込み率も高くなります。

　そして勢いをつけるためには、何と言っても紹介依頼をしながら数をこなすことです。金額設定ごとに20名ずつくらいがちょうど良いと思います。鑑定料金が上がるほどお客様の質も上がりますから、もっと良いお客様の声を頂けるようになります。それを案内ページに反映させてPRを増やしていけば、鑑定活動が軌道に乗るようになります。

　たまに「無料だとどれだけやればいいんですか？」という質問を頂きますが、出し惜しみはしないことです。無料だからといってモニター鑑定を全力でやらなければ、感動レベルのお客様の感想も頂けませんし、全力を出していない自分に対してのフィードバックもあまり意味がありません。それではその後の良い流れを作ることが難しくなるでしょう。常に最善を尽くし、成長していくからこそ次のステージに行けるのです。

　なお、出し惜しみせず全力を出して最善を尽くすとは、あれもこれもたくさん話してあげることではありません。良い鑑定とは、相手の現実が好転する鑑定ですから、そうなるようにベストを尽くすのです。

# モニター募集を成功させるポイント

### ❖「○月から占いのお仕事始めます！」と予告する

　モニターを募集する際に、やっておいたほうがよいことがあります。それは『予告』です。要は、「○月から占いのお仕事始めます！」と宣言することです。これは映画の予告「Coming Soon」と同じ効果があり、徐々に興味関心度を高めて、当日には申込みが殺到するという状態をつくり出すことが

できます。

　理想は、「これから占いを勉強しようと思っているんだよね」「今習ってるんだよね」などと、事前に周囲に言いふらしておくことです。更に、「今日はこんなことを学びました」「凄いです！」「楽しいです！」などの状況も共有し、デビューの時が近づいたら「〇月×日からモニターを募集させて頂きます」「本日の△時から募集を開始します」などと再周知しましょう。様々な角度で何度か周知するとその効果がどんどん大きくなっていきます。

　できることなら、友人・知人にはその情報にたくさん触れてもらうことです。これまで出会った人とFacebookで繋がっていれば最もやりやすいです。また、今後も活動がしやすくなるのでFacebookの利用をオススメします。「友人・知人に」というのは、「全く知らない人は避けたほうがよい」ということです。特に事業経験がない場合は、モニター募集は無料でスタートすることを推奨しているのですが、公に無料で募集すると「無料だから」という意識で申し込む人が多いので、重い相談や冷やかしやクレーム、アンケートに答えてくれない等のちょっとした被害を受けやすくなります。僕の受講

生さんで相談者に酷いことを言われて３日間ショックで動けなくなったという人もいますから、軽視できません。

## ❖いかに友人・知人に、協力者になってもらうか

　事業序盤のポイントは、『いかに友人・知人に、協力者になってもらうか』です。アンケートには本音で答えて頂き、良い感想も書いてもらい、少し盛っているくらいの感想付きでシェアや口コミをしてもらうことです。この辺りは友人であれば自然にやってくれることです。

　周囲の人がアナログな人ばかりでも問題はありません。そのほうが人と人の繋がりが強いですから、携帯メールや直電話、リアルに人が集まる場で紹介してもらうなどの方法で広げていくとよいでしょう。その場合、名刺や紹介カードなどが効果を発揮するかもしれません。

　占いは、無料モニターであれば、人から人へと紹介してもらうことで無限にこなすことができます。なぜなら占いは元から興味を持っている人も多いですし、だからこそ紹介者も紹介しやすいのです。

　紹介する人の心理としては、双方に喜ばれるなら積極的に紹介したいのです。人には誰でも「人の役に立ちたい」「喜ばれたい」「感謝されたい」という欲求があるからです。紹介してもらえないことがあるとすれば、何かしらマイナスな要因があるからです。占いにネガティブなイメージを持っているとか、嫌な感じを受けたとか、何パターンか考えられますが、改善できるところがあれば改善し、その人に原因があるのならスルーして次の人に意識を向けることです。

　口コミをしてもらう時は、しっかりと「もっと練習したいので、紹介してくれたら嬉しいです」と伝えましょう。なぜなら、相手は「無料でたくさんやっているのにもっと紹介したら迷惑なのでは」と思っているかもしれないからです。紹介するかどうかは相手が判断することですから、自分の意思は伝えておきましょう。

　また、モニター募集の案内ページも作っておきましょう。無料や安価でやっているうちはなくてもやっていけますが、やはりできるだけその価値や魅力が伝わったほうが申込み率にも影響してきますし、紹介してもらう際に

も案内ページがあったほうが、URLを貼るだけでよいので楽なのです。

　紹介者にはできるだけ面倒やストレスをかけないようにしてあげるというのもポイントです。更にそこを追求するなら、紹介時に書いてほしい文章のテンプレートを相手に送って、自由に編集して投稿してもらうくらいまでやってもよいでしょう。

# モニター募集ページの作り方

## ❖お金をかけずに、自分で自由に編集ができるサービスを利用する

　モニター募集ページは、ペライチ（https://peraichi.com/）などのページ作成サービスを利用してもよいですし、アメブロの記事に作成してもよいです。最初はお金をかけずに、自分で自由に編集ができるサービスを利用することです。もちろん、自分でサイトを制作できる方は、それでも構いません。

　鑑定案内ページの作成は、実はかなり奥が深いです。なぜなら金額以上の価値を伝え、期待してもらい、信用・信頼されて、申込みを頂くということがそのページにかかっているからです。

　僕の場合は四柱推命講座の案内ページがその位置付けとなりますが、実際に会ったこともない人から数十万円のお申込みを継続的に頂いている現状があります。それは案内ページにそれだけの工夫をしているのです。

　ですからお伝えしたいことはたくさんあるのですが、最初から盛沢山だと疲れるでしょうから、ここではモニターを募集するには事足りる程度の最低限の内容をまとめておきます。最初からこだわりたい方は、次章の『鑑定案内ページの申込み率を高める』も参照ください。

1　募集概要

　これまでの経緯やモニター募集の目的、あいさつなどを簡単に書いておきましょう。

〈例〉この度、新たに四柱推命を学びましたので、練習のために新規モニター
　　　様を募集させて頂きたいと思います。

2　鑑定内容

　　どんなことをするのかを、その占術を全く知らない人にも分かるように記
しておきましょう。どういうもので、何が得られて、それによってどうなる
ことが期待できるのかが書かれていれば良い内容と言えます。また、できな
いことも明確にしておくと、鑑定がしやすくなります。

〈例〉四柱推命は占いの帝王と呼ばれ、どうすれば幸せになれるかという観点
　　　で世界一的中率の高い統計学です。今年・来年の運気、本来の性格、自
　　　分の強み、適職、恋愛・結婚運、金運、相性、健康運などが分かります。
　　　なお、人の気持ちや生死・方位・霊的なことなどは観れませんのでご了
　　　承下さい。


3　鑑定方法・鑑定場所

　　対面なのか、オンラインなのか、メール鑑定なのか、どこでやるのかなど
を明示しましょう。できれば相手の空気感を感じながらヒアリングをしなが
らのほうがより良いサービスを追求していけるので、対面（オンラインを含
む）をオススメします。リアルで会う場合は、場所を必ず明記しましょう。
また、固有名詞などは誰にでも分かるように工夫しましょう。

〈例〉対面の場合：新宿（東京都）のカフェ等
　　　ZOOMの場合：ご自宅でパソコンやスマートフォンを利用
　　※ZOOMとは、インターネットを使ったテレビ電話のようなものです。
　　　誰でも簡単に使えますし、使い方もお伝えしますのでご安心ください。


4　鑑定ボリューム

　　どれだけ時間がかかるのか、また、メール鑑定の場合は何文字程度で何往
復まで対応するのかを明示しておきましょう。決めたボリュームを超える分
には問題ないでしょう。事前にボリュームを決めておくのは、基準がないと
いつまでも相談してくる方がいるからです。さすがに、こちらが疲弊するま
でやる必要はありません。

〈例〉約60分（ご本人の分のみ）※最大120分程かかる場合があります。

## 5　料金と募集人数

　モニター募集を何円で何人やるのかを決めましょう。最初は20名程度と設定しておくのがちょうど良いと思います。多すぎない人数を限定することで「今申し込めばその料金での対象になる」と思ってもらえるからです。

〈例〉通常1万円　⇒モニター鑑定 先着20名様は無料

## 6　条件

　条件は、『アンケートに答えて頂けること』と『感想をネットに掲載させて頂けること（匿名でOK)』の2つを明記しましょう。それは先に書いた"モニター鑑定の目的"を達成するためです。

## 7　申込み・問合せフォーム

　申込みをしていただくためには、申込みフォームが必要です。申込みをどこからすればよいのかが分かりづらければ、申込みを頂ける確率は一気に低くなります。できれば「⇒お申込みはこちら」という文字よりは申込みボタンを付けましょう。

　申込みボタンはそのまま『申込みボタン』などで検索すれば画像が出てきますから、それに申込みフォームのリンクを貼るだけです。申込みフォーム

は、『無料 申込みフォーム』などで検索すると、簡単に作れるサービスを探すことができます。申込みフォームも入力の手間をできるだけ取らせないよう、シンプルに作成しましょう。

これらは最低限、必要なことです。当たり前のことばかりと思うかもしれませんが、実際、鑑定場所が書いていなかったり申込みをどこからするのかが分かりづらかったりするサイトをけっこう目にします。ちょっとしたことで申込み率は変わりますから、必要なことは分かりやすく載せて、極力ストレスをかけさせないようなページを作成しましょう。

# モニター鑑定の料金設定について

### ❁事業が初めての人は無料から始めるのがベター

本来は占いを学んだ時点で、それを使って観てあげるのは有料の価値がありますし、無料で鑑定を受けてくれる人よりも、幾分でもお金を払って受けてくれる人のほうが、取り組み姿勢が良いです。しかし、モニター鑑定の料金は、事業が初めての人は無料から始めることをオススメしています。なぜなら、まずは量をこなして勢いをつけてほしいからです。

モニター募集をした時に、20人くらいからは早い段階で申込みを頂きたいところですが、事業が初めての人は知り合いが少ない場合が多く、その知り合いも無料のものに引かれる（＝安価でも有料のものにはハードルを感じる）人が大半だからです。

また、事業を成功させられるか否かの分かれ目となる大きな要因に『お金を頂くことに対するメンタルブロック』と『セルフイメージの低さ（自分自身に対する自信のなさ）』があります。この2つはそもそも日本人には多いのですが、事業経験がない人はそこと向き合う機会がこれまで少なかったと思うので、無料モニターから始めて徐々に解消していくとよいでしょう。「無料であれば間違えてもテキストを見ながらやっても許してもらえる」「お金を頂いていないなら責任も負わなくていい」と捉えると、精神的なハードルが下がって始めやすいのではないでしょうか。

一方、事業経験がある人は、その２つをある程度クリアしていますし、投資感覚のある知り合いも多いので、安価で始めても勢いをつけることができます。3000円で20人から申込みがあると、それだけで６万円の売上が上がります。仮に無料で始めたとしても、なんだかんだでお金を頂いてしまう状況にもなりやすいです。

　占いに限らずですが、物事を始める時はこれまでの生き方がベースになりますので、そこで差が出るのは仕方がないことです。大事なのは、他人と比較して落ち込まず、自分に合ったやり方はどちらなのかを見極めて、これから着実に事業を繁栄させていくことです。

　そうそう、無料から始める際のテクニックを１つご紹介しましょう。モニター価格を無料ではなく1000円に設定して、「感想をSNSでシェアしてくれる場合は無料にしている」と伝えるのです。そうするとほとんどの人が感想をシェアするほうを選択します。そうすれば確実に口コミの行動を起こしてくれることになりますし、1000円を選択されれば、祝！　初売上です。お茶代くらいにはなるでしょう。

ドキ　ドキ　のっ

初めてお金頂くの
ちょっと緊張するよね。

# アンケートをとるのは必須

### ❖モニター鑑定とアンケート回答はセット

　モニター鑑定の目的を果たすために、必ずアンケートをとりましょう。モニター鑑定を終えて「次はどうすればいいですか？」と聞かれたら、僕は「アンケート結果はどうでしたか？」と聞き返します。「アンケートをとって

いません」と言われたら、「これまでの人にアンケートをとることから始めましょう」とアドバイスします。

　そこまでアンケートにこだわるのは、今後の活動はすべて、事実をベースに進めていくからです。事業はギャンブルではなく着実に繁栄させていくものですから、上手くいくかどうか分からないことをやるのではなく、上手くいく確率が高いことをやっていくのです。

　アンケートは、ただとればよいというものではありません。繰り返しになりますが、目的を果たすためにとるのです。

　モニター鑑定の目的は、『①周囲から見た自分の良さや強みなどを知る』『②自分に集まってきやすい人の特性や悩みなどを把握する』『③自分スタイルの確立を目指す』『④集客効果のある“お客様の感想”を頂く』の４つでしたね。ですからそのための項目のアンケートをとることです。

　たまに、「アンケートをお願いすることに抵抗がある」という人がいますが、アンケートをとらなければモニター鑑定の意味があまりありません。ですから、モニター鑑定を受けたらアンケートに回答するというのは当たり前であり、元から自分と相手の共通認識なのです。モニター鑑定とアンケート回答がセットであることを承知で申し込んで頂いているのですから、気にする必要はありません。

また、アンケートは相手のためでもあるのです。アンケートに答えることによって気持ちの整理ができたり、あなたの役に立てたりするからです。アンケートを元にしたあなたの更なるサポートによってもっと豊かになる可能性もあります。アンケートに答えるのが面倒だという人も確かにいますが、逆に大好きな人もいるのです。僕も以前は面倒だと思っていましたが、今はしっかり書いてあげることに喜びを感じています。

　もしどうしてもアンケートをお願いしづらければ、要は目的を達成すればよいのですから、相手に書いてもらわずに直接ヒアリングをしてもよいでしょう。自分用のヒアリング用紙を用意しておき、相手に質問して自分で書くのです。それもやりづらいというのなら、過去の経験から何かあなただけの課題を抱えているのかもしれませんね。でも、それもあなただけがそう思っていることですから、できることなら気にせずに事務的にでもよいのでお願いすることです。慣れれば抵抗もなくなってくるでしょう。

## ❀モニター鑑定でオススメのアンケート項目

　アンケートは、社交辞令ではなく、本音で、できるだけ具体的に詳しく書いて頂くことです。そのため、次のような文章をアンケートの冒頭に載せておくとよいでしょう。

《アンケート上部の文言》
※更なるサービスの向上・より役立つ新商品開発のため、ご協力をお願いします。できるだけ具体的に詳しく本音を教えて頂けると幸いです。答えを考えることでご自身の学びを整理する機会としてもお役立てください。

　そして、モニター鑑定の目的を達成するために、オススメするアンケート項目は次の通りです。

《アンケート項目》
１．鑑定を受けてみて、率直な感想を教えてください。

２．今回、モニター鑑定に応募しようと思った時、どんな悩みや課題がありましたか？

３．今回、どんなことを期待して応募しましたか？

４．実際に鑑定を受けるまでに、もっと知りたかった情報はありましたか？

５．実際に鑑定を受けてみて、一番良かったと思うことはどんなことでしたか？

６．鑑定を受ける前と受けた後で、気持ち的にどんな変化がありましたか？

７．鑑定時、こうすればもっと良くなると思うことは、何ですか？

８．今回の鑑定結果をもとに、具体的にどのように日常に活かしていきたいと思いますか？

９．今後、「こういうフォローをしてほしい」「もっとこういうことが知りたい」「こんなサービスがあったらよいなあ」と思うことはありますか？

10．私（名前）の個人の良さや強み・凄いと思うことは何だと思いますか？

　アンケートは、対面の場合は紙ベースでお願いし、目的達成のために必要に応じて深堀してヒアリングしていくとよいでしょう。アンケート用紙の最後に「ご協力ありがとうございました」と付け加えましょう。オンライン鑑定の場合は、メールで送って返信してもらうとよいでしょう。いずれの場合も、簡易的な回答ではあまり参考になりませんから、深掘りしてヒアリングする意識を持っておくことが大事です。アンケートは後で見返すと今後の事業に使える財産になりますので、すべてプリントアウトして専用のファイルに閉じておくとよいでしょう。

　事業活動序盤のテーマは、とにかく『大量行動』です。紹介とアンケートをお願いしながら、まずは20名を目指してモニター鑑定をこなしていきましょう。

# 第2章

# 定価で鑑定依頼を頂ける状態を作る

# 鑑定料を徐々に上げていく

## ❖占い鑑定の相場は60分1万円

　人を幸せにするというスタンスで占い鑑定をしていると、知識がうろ覚えでも喜ばれるので、少しは自信もついてきたのではないでしょうか？　20名くらいのモニター鑑定を経験してお客様に喜ばれ、良い感想ももらえたのならもう無料でやる意味はありません。徐々に金額を上げていきましょう。

　無料から有料にする時は、「少し慣れてきたので次からは3000円でやるのですが、もっと練習したいので興味がありそうな人がいたら紹介してもらえませんか？」などと言って、スパッと有料に切り替えましょう。そして3000円から5000円に上げる時は、「○月○日申込み分から5000円になります」と予告することで、値上げ直前に申込みが多く入ります。そうです。予告は事業をやるうえで様々な場面で使えるテクニックなのです。

　料金設定は、自分がしっくりくる金額が最も良いと思います。金額が高すぎて今の自分ではそれ以上の価値を提供できないなと思ったら申込みは入りづらくなりますし、逆に、金額が安すぎてストレスになったり憂鬱になったりするのなら、それも申込みが入りづらくなります。ただ、それはお金を受け取るメンタルブロックやセルフイメージにも影響しますので、基準のラ

インを徐々に上げていくことも意識しましょう。中には、1000円→2000円→3000円と上げていった人もいましたが、僕からするとどれも大差ないですね（笑）

　僕のイメージでは、3000円→5000円→1万円と上げていき、自分が思う定価料金になるまでは、それぞれ10〜20名くらいやるとちょうど良いかなと思います。料金ごとの募集人数も、自分がやりたい人数でよいと思います。

　一度決めた後でも、もうその料金でやりたくないと思ったら、そのタイミングで変えればよいと思います。もちろん、お申込み済みの人を値上げしたり言ったことをコロコロ変えたりするのはよろしくありませんが、大企業ではないのですから、ある程度自分の感覚や想いを優先させても問題ないでしょう。それで文句を言う人は、初めからあなたにとって良いお客様ではないのです。

　なお、占い鑑定の相場は60分1万円です。よくデパートなどでブースを出している占いも20分3000円とかですから、それくらいが一般的だと思います。

　金額を上げるほどお客様の取り組み姿勢も良くなりますし、自分自身も成長していきますから、より良い感想やビフォー＆アフターの声を頂けるようになります。鑑定案内ページをブラッシュアップしていけば、鑑定料1万円でも「この人から受けたい」と思われるようになっていくのです。

# アンケート項目を見直す

## ❧定価で受けてくれた人の結果こそが、より高い価値を生む

　アンケートは、目的を持ってとっていることは覚えていますよね？　ということは、状況が変わったらアンケートで聞く項目も変えていったほうがよいのです。

　また、アンケートは、モニター練習中だから期間限定でとっていたものではなく、定価で鑑定をしていく際にとると更なる効果を発揮するものなのです。なぜなら、無料や安価でモニター鑑定を受けてくれた人は、悩みが顕在化されていない場合も多いですし、投資感覚も薄いので最終的な良いお客様にはなりづらいからです。定価で受けてくれた人のアンケート結果こそが、より高い価値を生むのです。

　以下に、アンケートの例を紹介します。目的に合わせて追加したり入れ替えたりするとよいでしょう。


〈申込みの傾向を知りたい場合〉
・なぜ（何を得たくて、どうなりたくて）今回鑑定を依頼されたのですか？
・申込みの経緯を覚えている範囲で詳しく教えてください。
　（ex.○○というキーワードで検索し、○○の記事を見た○○さんに××と言われて紹介された）


〈差別化になる要素やウリなどを知りたい場合〉
・世の中に数多く存在する占い鑑定の中で、なぜ私を選んで頂けたのですか？
・実際に鑑定を受けてみて、何に最も価値や魅力を感じましたか？


〈申込み前後の改善部分や、申込みに至らない原因を知りたい場合〉
・当日鑑定を受けるまでに、分かりづらかったことや不安だったこと、事前に聞いておきたかった疑問点などはありましたか？

〈更なる需要を知りたい場合〉

・次のうち、興味がある項目はどれですか？

　［ ○○○○ ／ ○○○○ ／ ○○○○ ／ ○○○ ／ その他（ 　　 ）］

　（ex.毎月の運勢が分かる運勢カレンダー、相性鑑定、家族の鑑定、1か月
　後のフォロー鑑定、結婚、起業）

　　⇒そのままオプションサービスの提案をすることができます。

・○○のようなサービスを考えているのですが、何かアドバイスを頂けませんか？

・私は、どのような方にもっと役立てると思いますか？


〈推薦の声がほしい場合〉

・私の鑑定をオススメするメッセージを頂けると嬉しいです。

　（ex.○○なので、○○のような方は、○○を得られると思います！）


　　聞きたい項目が多くなりそうであれば、申込み直後の『事前アンケート』
と、鑑定後の『事後アンケート』に分けて聞いてもよいでしょう。

　　また、定価での鑑定はモニター募集と違って、感想をネットに掲載させて
頂くことは絶対条件ではなくなりますので、掲載する時は必ず了承を得るよ
うにしましょう。アンケートの下に以下のような記載をしておくとその流れ
で書いてもらえます。


《アンケート下部の文言例》

　　今回の内容をインターネットなどに公開してもよいですか？　　以下、それ
ぞれ回答をお願いします

・1～9の内容（OK or NG or ○番のみ OK 等）⇒

・氏名（公開してもよい名前やニックネーム）⇒

・年齢 or 年代、性別、職業、Facebook のプロフィール写真のうち、公開し
　てもよい情報⇒


　　お客様との関係性によっては、その場で写メを撮ってお互いがSNSに載
せるような流れにできると、それもPRになってよいですね。

# 自分スタイルを確立する

## ❖ 自分スタイル確立のヒント

　鑑定の数をこなしながらアンケートをとることを繰り返していくと、段々と自分スタイルの輪郭が見えてきます。大体のイメージですが、一般的な鑑定は60分1万円で、多くの人が同じようなことをやっているので競合が多い状態です。ですが、自分スタイルを確立してそれを強化していけば、ゆくゆくは1回3万円でも選ばれるようになります。他でもない『私のサービス』を提供していくのですから、ぜひ自分スタイルを確立して頂きたいと思います。

　自分スタイル確立のヒントは、アンケート結果だけではありません。自分がやりたいことや、これまでの人生経験、理想のライフスタイルなども参考にして考えてみましょう。ぜひ一度時間を確保して、次の7つの質問に答えてみてください。

1．好きなことや幸せを感じることは、何ですか？

2．頑張らなくてもストレスなくできることや没頭してしまうことは何ですか？

3．スゴイと言われることやよく頼まれることは何ですか？

4．これまでの人生で、最も時間とお金を費やしてきたことは何ですか？
　　またその時間と金額はどれくらいですか？

５．人生を通して成し遂げたいことや、夢は何ですか？


６．大切にしている価値観は何ですか？


７．現段階で、どのような状態の人をどのように幸せにしてあげたいと思い
　　ますか？


　これらの回答と、これまで頂いたアンケートをヒントに、自分スタイル
の確立を試みましょう。復習になりますが、自分スタイルとは、「こういう
人・こういう悩みに対しては、自分は非常に役に立てる」というポジション
であり、そのために質を追求した鑑定スタイルのことです。

　自分スタイルは、取り敢えず現段階での仮で構いません。というのは、こ
れからも価値観が変わったり時代の変化があったり出会いがあったりもし
ますから、その時々での「今、私はこのために、こういうことをやってい
る！」という答えがあればよいのです。後で変わっても問題ありませんし、
もっと言えば、あなたの成長度合いによって目的やスタイルも昇華させて

いったほうがよいのです。

　逆に、現段階での軸がなければ、方向性・自信・エネルギー・継続力・信用度など様々な観点で、事業家としてちょっと弱くなってしまいますから、何でもよいので決めておきましょう。次の空白部分を埋めてみてください。

---

　私の仕事は、占い鑑定を通して＿＿＿＿＿＿＿＿という状態の人が

＿＿＿＿＿＿＿＿＿な状態になるようお手伝いをすることです。

　そのために私は、独自の強み・特性である

＿＿＿＿＿＿＿＿＿を活かし、そのクオリティを追求しています。

　私の人生を通しての最終目的・目標は

＿＿＿＿＿＿＿＿＿＿＿＿＿＿＿＿＿＿＿＿＿であり、

　私が目指したい理想的な世の中は

＿＿＿＿＿＿＿＿＿＿＿＿＿＿＿＿＿＿＿＿＿という世界です。

　なお、どれだけお金を積まれても

＿＿＿＿＿＿＿＿＿＿だけは絶対にしません。

---

この文章は、何百年も続いている老舗企業が重要視している『仕事の再定義』『真善美』という要素を取り入れたものであり、今後、事業を継続・繁栄させていく『核』となる大事な部分です。定期的に、何度でも読み返しましょう。そして違和感を感じる時がきたら、しっくりくるように書き換えましょう。

# 集客の基本原則

## ✼アクセス数を増やすか、申込み率を上げるか

　事業を進めていく上で、継続的に集客を図ることは必須です。ここでは、客数を増やしていくための基本であり絶対的な不変の事実をお伝えしたいと思います。それは、集客は結局のところ『アクセス数×申込み率』という計算式で成り立つということです。

　鑑定の案内ページで言えば、どれだけの人がそのページを見るかというのが『アクセス数』で、それを見た人がどれだけの割合で申し込むかというのが『申込み率』です。集客数を増やすためには、アクセス数を増やすか、申込み率を上げるかのどちらかしかありません。シンプルですよね。

　インターネットを一切使わない人でも例外ではありません。どれだけの人に自分を認知してもらえるか、そして対面営業の成約率はどれだけあるかというのが、この計算式に当てはまります。

　時々、「ブログを書いているんですけど、集客ができないんです」という相談を頂きます。その人が集客できていない原因も、このどちらか、または両方です。「ブログのアクセス数はどれだけあるんですか？」と尋ねると、「１日３アクセスです」と返ってきたことがあります。笑い話のようですが、本人は真面目です。

　実際、気がついていない人が多いのです。アクセス数が少なければ申込みが来ないのは当たり前であること、アクセス数を増やさなければいけないこと、そして、自分の場合はどう増やせばよいのかを見極めることの重要性と、そのための行動が必須であることに。

　例えるなら、「山奥で古民家カフェを開いたのですがお客さんが来ないん

です」と言っているのと同じで、そのお店の存在をどれだけの人が知っているのかが重要なのです。本人は「友人には一通り知らせたんですけど」と思うかもしれませんが、「え、それだけですか？　その友人って何人いるんですか？」とツッコミたくなります。

　また、申込み率も重要です。極端な例ですが、「四柱推命始めました。よければ受けてね。申込みはこちら」と書いてあるだけでは申込み率はかなり低いです。それしか書いていない人なんていないと思いますか？　それが少なくないのです。

　ブログ記事を書いてその文章の最後に「四柱推命の鑑定申込みはこちら」と直接申込みフォームにリンクさせている記事を時々見かけます。初めてブログを見た人は「四柱推命って何？」と思いますし、その人が一緒に居る人に尋ねても「シチュースイメン？　中華料理？」と返ってくるかもしれません（笑）。これが「冷やし中華始めました」ならまだ分かりやすくてよいでしょうが。

### ❖いかに読み手の気持ちを察するか
　大事なのは、『いかに読み手の気持ちを察してページを作ることができる

か』です。そもそも他のページに鑑定案内ページを作っていても、記事から
リンクを貼っていなければそのページを開いてもらえません。特にスマート
フォンではそのページのタイトルも目に付かない場合が多いので、まず辿り
着けません。

　しっかりと鑑定案内ページを開いてもらうことです。そしてそのページを
上から見ていった時に、続きを読みたいと思われるものになっているか、興
味が湧き、申し込みたいと思い、なおかつ申し込むのが面倒と思われないか、
自分でチェックして改善できればベストです。

　中には、申込みフォームのリンクが切れている場合もありますが、これは
致命的です。たまたまページに辿り着いた見込み客は、よっぽどでない限り
わざわざ「リンク切れてますよ」なんてメッセージを送ってくれません。そ
のページからはすぐに離脱し、他の人を探すので二度と戻ってこないと思っ
たほうがよいでしょう。

　鑑定案内ページの申込み率を高める方法は次項で具体的にお伝えしますが、
『アクセス数と申込み率』にとにかくこだわったほうがよいということは押
さえておきましょう。そして順番としては、申込み率を高めることから始め
ることです。申込み率が低ければ、アクセスを集めても申込みに至ることが
少ないですし、アクセスを集めることには時間がかかるからです。

　もちろん、ブログ記事を更新するなど、着実なアクセスアップに繋がるこ
とは始めるに越したことはありません。ただ、申込み率が低いままアクセス
数を集めることに多くの時間を使うことは、かなり非効率なのです。

　具体的な集客方法については、第４章でお伝えします。というのは、効果
的な集客方法というのは人によって違うので、それを見極めることのほうが
重要であり優先的にやることだからです。

　僕がお伝えできるのは、アメブロを主とした集客方法のみですし、そもそ
も事業をやるうえで新規集客が一番難しいので、それを考える優先順位は一
番最後にしたほうがよいからです。詳しくは後程お伝えしますが、新規集客
を頑張るよりも売上を上げることのほうが簡単なので、そっちを先にやった
ほうがよいのです。

　売上を上げるための方法イコール新規集客としか考えない人は、いくら時

間を使っても大した売上が上がらず、忙しいわりに稼げないという状態になってしまいます。多くの個人事業主がそのような状態のまま何年も経っているようです。それではそのうち「事業はやっぱり大変だから、もうやめよう」という結末に至ってしまうかもしれません。

# 鑑定案内ページの申込み率を高める

### ❀ 申込みを阻む、4つの壁

　占い鑑定を仕事にして継続的に収入を得ていくためには、まずは鑑定案内ページを見てくれた人が「この人の鑑定を受けたい」と思って申し込む確率を高めておくことです。案内ページのベースとなるのは第1章の『モニター募集ページの作り方』でお伝えした内容ですのでそこを参照ください。

　それに加えて、定価での鑑定をどんどんしていくためには、鑑定案内ページをもっと効果的なものにする（＝申込み率を上げる）必要があります。どれだけあなたがアナログな人間だったとしても、鑑定を受ける対象者がインターネットを使うのであれば、鑑定案内ページにはこだわったほうがよいでしょう。

　鑑定案内ページから申込みを頂くには、4つの壁の対策をする必要があります。4つの壁とは、『開かない』『読まない』『信頼しない』『申し込まない』の4つのことです。

　インターネットユーザーは、主にスマートフォンを利用し、多くの情報をバーっと見て、どれを読むかを見定め、読みづらかったり面白くなかったりしたらすぐに他のページに移動します。多くの似たようなブログや怪しいサイトもあるインターネットの世界で、あなたのサイトをまず開いて頂き、ちゃんと読んでもらって、更に信用・信頼して頂いて、問い合わせや申込みをして頂く必要があるのです。

　何も対策をしなければ申込みが少ないのは当然と言えるでしょう。かと言って、難しく考える必要はありません。4つの壁を1つずつ解消していけばよいだけです。その具体的な方法を次に記します。

## ✿キャッチコピーで『開かない壁』をこじ開ける

　まず、『開かない壁』とは、あなたの鑑定案内ページを開かない、ということです。人が多くの情報に触れる中で、鑑定案内ページを開いてもらうために必要なのは、『キャッチコピー』です。要は、相手の心をつかむ文言、「この内容、気になるな」と思われる文章です。

　まずページを開いてもらえないことにはその後がないですし、心をつかんだ時点で相手が申込みを決める場合もありますから、「キャッチコピーで9割決まる」という人もいるくらい、キャッチコピーは重要です。キャッチコピーの役割は、『次を読んでもらうこと』ですから、「え!?」と思われることや、読み手にメリットがあると思われるものが良いキャッチコピーということになります。

　ここで言うキャッチコピーというのは、主に鑑定案内ページのタイトルのことです。良くない例は「鑑定募集中」です。鑑定と言えば土地やお宝の鑑定もありますから、違うものをイメージする可能性もあります。まずは分かりやすいことが最低条件です。

　せめて『あなたの強みや適職が分かる四柱推命占い鑑定』などとしたほうがよいでしょう。それであれば、占いで自分の強みや適職を知りたい人が興味を持ちやすいですし、そういう人が多いことは分かっているので、ページ

を開いてもらえる確率が高まります。そこから更に自分スタイルを少しでも確立したのであれば、その要素を入れて独自化したほうがよいでしょう。

　なお、「幸せになれる」「結婚できる」などの、抽象的でありふれた言葉は、あまり好ましくありません。多くの人が似たようなことを言っているのでそれほど響かないですし、誇大広告っぽくて毛嫌いする人もいるのではないでしょうか。

## ❖冒頭で『読まない壁』を破る

　次に、『読まない壁』ですが、これは、更なるキャッチコピーが効果的です。要は、鑑定案内ページを開いた冒頭に「こんな人にオススメ」「こんなことはありませんか？」「こうなりました（お客様の声）」などを書くことです。人は自分の状況にピシャリと当てはまっているものには、目を止めるのです。

　イメージが湧きにくい場合は、いろいろなランディングページ（LP）を参考にしてみるとよいでしょう。LPとは、広告やリンクから着地してもらう商品・サービス案内ページのことです。多くの場合、縦に長い一枚もので、読み手の心理を推測されて作られていますので、冒頭のキャッチコピーだけでなく、鑑定案内ページ全体の参考になるでしょう。そのまま、「ランディングページ一覧」などで検索すると見つけることができます。

　また、面白さがあると読まれますし、読みづらさがあると読まれません。基本的には読み手の興味がありそうなことから順番に上から書いていくことです。基本的に人は自分のメリットを考えていますから、挨拶も手短のほうがよいですし、自己紹介は最後のほうがよいです。金額も魅力を伝える文章より後のほうがよいです。いきなり高い鑑定料が出てきては面白くありませんから。

　あとは、黒文字でぎっしりとか、小見出しがなく分かりづらいとか、文字色や大きさ・改行の仕方などで読みづらいというのもマイナスポイントです。

## ❖お客様の声で『信頼しない壁』を打破する

　『信頼しない壁』を打破するためには、まずはお客様の声の更新です。お客

様の声は、より効果の大きい内容に差し替えましょう。前章で『ビフォー＆アフター』が効果的だとお伝えしましたが、いかに期待させるか、ということがテーマですから、できれば『ビフォー＆アフター＆アフター』までほしいところです。

　要は、鑑定1週間後、または1か月後でも3か月後でもよいですから、その後の変化を聞いてみましょう。鑑定の前後だけでは、「自信がつきました」「○○が分かりました」「スッキリしました」などの精神的な変化はあっても、現実的な変化はないからです。

　ですから、鑑定後少し経ってから「その後、どうですか？」「あれについてはどうなりましたか？」「変化はありましたか？」などとフォローしてあげるとよいでしょう。その時に「変化は何もありません」と言われたら、鑑定レベルを上げるか更なるフォローが必要かもしれません。

　プロフィールを書くのも効果的です。人は、なんとなく好きな人や共感する人から鑑定を受ける場合も少なくありません。また、そんなに素晴らしい鑑定サービスをしている人がどんな人なのか、本当にそれだけのことができそうな人なのかを判断したいのです。

　プロフィールはあまり長すぎるのも良くありませんが、実績・人間味・経験・想いなど、人によって響くところが違いますので、様々なことをまとめて書くとよいでしょう。また、その際、実績や肩書などの『現在』→自分を知ってもらう『過去』→目指している『未来』の順番で書くことをオススメします。

　興味を持たれるポイントは先のほうがよいですし、過去を書くことによって生まれるストーリーが人の心を動かしますし、過去の経験があってこそのこんな未来を……とすると、きれいにまとまるからです。できれば、今やっている占いが、主人公がピンチの時に状況を激変させた秘宝・光・必殺技となるような位置付けになるとより強力になります。

　参考までに、僕が鑑定活動を主としていた当時を想定したプロフィールを作成しました。

一般社団法人日本占道協会　認定鑑定師
星　絢（ほし　けん）

1981年2月4日生まれ／青森県出身・千葉県在住／起業回数：5回／最高借金額：約500万円（全て自己投資・事業投資）／最高月間お茶人数：約100人／最高売上貢献額：約5,000万円／イベント企画開催回数：100回以上／引っ越し回数：15回／就業企業：40社／趣味：森林浴、映画鑑賞、焚火／好きな食べ物：りんご、みかん、霞（かすみ）／習慣：神社参拝

はじめまして。当・鑑定案内ページをご覧いただき、ありがとうございます。僕は起業を志してから約10年間、何をやっても仕事も恋愛も人間関係も上手くいきませんでしたが、四柱推命を活用することによって、人生を劇的に好転させることができました。

自分のことを知ることで、こんなに生きやすくなり、性質に合った対策をすることでこんなに物事を上手くいかせることができるなんて、四柱推命は「なんて素晴らしいんだ！」と思いました。それまで知っていた動物占いや雑誌などに載っている簡易的な占い、性格診断的なものとは大きな違いです。

僕はこの素晴らしいものを、より多くの人に活用していって欲しいと思い、四柱推命を仕事としてやっていくことを決めました。

少しでも多くの人が、自信を持ったり、ストレスが減ったり、仕事・お金・恋愛結婚などの現実的な運勢が好転したりするお手伝いができたら嬉しく思います。

----------------------------------------------------------------------

　補足すると、「実績なんてない」と思う人もいるかもしれませんが、実績がない人はいません。これまで生きてきたのですから。「事務職歴20年」「主婦歴20年」「ニート歴10年」など何でもよいのです。それは同じ境遇だった人にとって最も気持ちを分かってくれる相談相手となり選ばれる要素となるのです。

　また、物は言いようみたいなところがあって、表現次第で凄そうに見えるのです。例えば僕の例の「最高売上貢献額：約5000万円」というのは、僕が紹介した人が不動産の投資物件を2件買ってくれただけです。他には、以前にコールセンターでスマートフォンの操作案内の仕事を2年間していたことがあるのですが、ざっくり計算すると8000件の相談に答えていたことになります。保健室の先生を2年間やっただけの人も、生徒の相談に乗った延べ件数は数百回になるかもしれません。

## ❖Q&Aや特典付きなどで『申し込まない壁』を解決する

　最後は、『申し込まない壁』です。これに関してはこれまでお伝えしたことを取り入れることで、わりと解決できると思います。

　人が申し込まないのは、「面倒だから」「よく分からないから」「ほしい成果が得られるかが不安だから」「金額以上の価値があると納得できないから」などが挙げられますが、想定される懸念点をできるだけページ内で解消してあげることです。

　ですから、申込み後の流れを書いてあげたり、Q&Aを作ってあげたりするのもよいでしょう。また、何でもよいので特典を付けるのも効果的です。例えばしっかりとした鑑定書を大きめの画像付きで3枚載せて「これらをプレゼント！」とすると、それなりのインパクトがあります。

あとは「いかに読み手の気持ちを察することができるか」というテーマで改善していくとよいでしょう。スマートフォンで見る人が多いでしょうから、実際に自分でそのページを見てみることですね。申込みボタンも1か所だけでなく、募集要項情報のすぐ下・ページの一番下・その中間くらいと、くどくならない程度に付けておくとスクロールする手間をかけさせないで済みます。

　また、申込みフォームの項目数が多かったり、備考欄が入力必須になっていたり、メニューが分かりづらかったり、というのももったいないです。「これはどれを選べばいいの？」「入力するのが面倒」などと思われた時点で離脱率が上がりますので、申込みフォームはシンプルにストレスなくサクッと送信できるものが望ましいです。

　一通り自分が納得するクオリティのページができたら、鑑定依頼が入ればそれをこなし、空いた時間で次のステップを考えましょう。次のステップは、新規集客にフォーカスすることを、やめることです。

# 第3章

# 月10万円稼ぐ
# 技術を身につける

# 売上を上げるために新規集客をやめる

## ❖貴重な時間は他のことに使う

　さて、ここまでのことをやってきたあなたは、１万円以上での鑑定をどれだけこなしてきたでしょうか？　集客に行き詰まるまでに10人くらいでもできれば優等生です。というのは、実はまだ事業のやり方の重要な部分をお伝えしていないのです。それは、これまでもったいぶっていたわけではなく、ある程度行動してきたタイミングでこそそれが生きてくるので、そろそろ満を持してきた頃ということです。

　１万円以上での鑑定をまだしていない場合も、これからお伝えすることは売上を最大化するための大事な概念ですので、読み進めて頂ければと思います。売上を最大化するためには、まず、新規集客をやめましょう。もちろん、完全にやめなくてもよいですし、頂いた依頼には応えたほうがよいのですが、新規集客のための活動をストップしてでももっと優先的にやったほうがよいことがあるのです。

　前章で新規集客が最も難しいとチラッと触れたのですが、それは、不特定多数の人があなたのことを知って、信頼関係もないのに他でもないあなたから鑑定を受けたいと思い、申し込むという確率が、低いからです。もちろん、これまでお伝えしてきたことで、できる限りその確率は高められてきました。

それでもいろいろな情報が入り交じっているインターネットの世界で、あなたの鑑定に最も価値を感じる人があなたのサイトを見つけること自体が稀なのです。

　そこで、世の中で一般的に言われているマーケティング手法は、メルマガなどで見込み客を育てて鑑定に繋げましょうという内容なのですが、それを成果に繋げるのもまた一苦労です。

　メルマガの登録者をたくさん増やさなければなりませんし、メルマガの内容も申込みに繋がるよう追求していかなければなりません。最終手段としてはそういうことに手を付けてもよいのですが、占い鑑定を主なサービスとする個人起業家は、鑑定時間を使ってお金を頂くわけですから、貴重な時間を新規集客のために充てることがもったいないのです。

　時間を使うのは、鑑定、鑑定の準備、問い合わせ対応、顧客フォロー、その他売上に繋がる確率が高いことや、事業をやるうえで必須な事務作業などを主とするべきです。

# 売上を最大化させる方法

### ❖やるべきことは既存客へのアプローチ

　新規集客にフォーカスせずに、何をすればよいのかと言うと、やるべきことは既存客へのアプローチです。アンケートやヒアリングをしていた際に、すでに再鑑定やオプション商品の販売に繋がっている人は素晴らしいです。それをもっと意図的にやるのが売上を簡単に上げる第一歩です。

　次ページの図を見てみてください。一般的なマーケティングでは上から下に流れるように考えるのに対し、僕が採用している経営技術はその逆で、下から上にアプローチするのです。

　すでにリピーターがいる場合は、まずその人たちにアプローチするということです。すでにあなたとの信頼関係が出来ていますから、連絡をすれば返事をくれるでしょう。アプローチをすると言っても、いきなり「また鑑定いかがですか？」などと自分勝手な提案はいけません。「その後、どうですか？」などとフォローしてあげる感覚です。

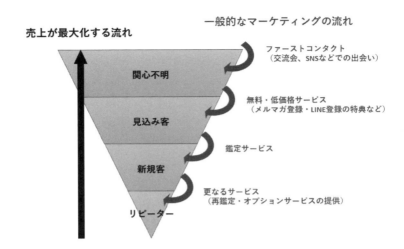

売上が最大化する流れ

一般的なマーケティングの流れ

関心不明

ファーストコンタクト
（交流会、SNSなどでの出会い）

見込み客

無料・低価格サービス
（メルマガ登録・LINE登録の特典など）

新規客

鑑定サービス

リピーター

更なるサービス
（再鑑定・オプションサービスの提供）

　これまでにリピーターが一人もいない場合や、リピーターに一通りアプローチした後は、新規客全員にアプローチをしてみましょう。これまで一度もアプローチをしたことがない場合、大体10％くらいは何かの申込みに繋がるという統計があります。

　ここで、前提となる大事なことをお伝えしておきたいと思います。何かの申込みに繋がるということは、何かのサービスをいくつか持っているということになりますが、「こんなのもありますよ、こんなのもありますよ」と提案するのは美しくありません。第1章でもアンケートをとる意味としてお伝えしましたが、事業は事実をベースに、上手くいく確率が高いことを優先して進めていきます。

　ここで言う上手くいく確率が高いこととは、相手が欲しいと言っているものを提供することです。相手の状況を聞いてあげて、「それなら、こんなことをしましょうか」「そういうサービス、作りますよ」とニーズがある事柄をサービス化するのです。それも、できれば相手と話しながら、より相手が求めるようなサービスを追求することです。

　そうすれば、相手はそのサービスを受ける可能性が高まりますよね。自分が相手にしてあげたいことをするのではなく、相手が自分にしてほしいことをするのです。

素敵なパートナーが欲しいわ♡

ふむふむ

## ❖誰かが求めていることは、他の誰かも求めている

　最初は一人一人に合わせたことをサービス化するとよいでしょう。そして複数人から同じような要望があれば、それをメニューに取り入れて、他のお客様にも「こんなサービス始めました」と周知してみましょう。

　誰かが求めていることは、他の誰かも求めている可能性が高いのです。初めてアプローチをした時に「何かありますか？」と言われても必要性に気づかなかった人が、具体的なサービスを聞いたら「それお願いしたい！」とニーズが顕在化することもあるのです。

　そうして新規客にもアプローチした後に、見込み客がいれば見込み客にもアプローチをし、それもやり尽くしたなら、そこで初めて新規集客へ意識を戻してもよいでしょう。

　でも、ちょっと待ってください。新規集客をするにしても、より良いお客様が集まるようにしたほうが良いですよね。また、もっと簡単に、月10万円・20万円……50万円・100万円と上を目指していきたいと思いませんか？

　高い売上を上げるやり方は、後でお伝えしたいと思いますが、まずは経営技術の基礎を順を追って身につけて頂くために、ここでは"より良いお客様を集める方法"をお伝えしたいと思います。それをすることで、より楽に、より楽しく、より短時間で売上を上げられるようになります。

# 最良のお客様がもっと集まる方法

## ❖最良のお客様の特徴を明確にする

前項の"下から上に"というのは、もう1つの使い方があります。下の人、つまりリピーターなどの客単価が高い人が集まるようにするのです。

ここで、あなたにとっての最良のお客様の特徴を明確にしておきましょう。というのは、売上が上がってもストレスになるような仕事は避けたほうがよいからです。状況によっては我慢してやる期間があってもよいのですが、基本的に大変なこと・ストレスになることは続きませんし、継続できないことは力になりません。個人起業家はメンタルも含めて体が資本ですから、病んでしまっては売上も止まってしまいます。何より、少ないストレスで幸せを感じながら仕事ができたほうがよいですよね。

最良のお客様とは、図で言うところの、ハッピーと書いてあるエリアですね。気持ち的にも明るく軽くできて、お金もたくさん頂けるお客様だけが多く集まってきてくれたら嬉しいですよね。

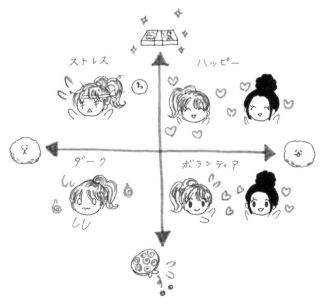

最良のお客様の特徴を明確にするために、まずは今のお客様の中で最良だと思う人を、一人思い浮かべてみてください。その人はどんな特徴があるでしょうか？　ここに書いてみましょう。

　現時点での最良のお客様は＿＿＿＿＿＿＿＿さんです。

　その人の性格的な特徴・受けて頂いたサービスや回数・客単価などは、

- 
- 
- 
- 
- 

です。

　次に、今書いた特徴を参考に、最良客の基準を明確にしてみましょう。性格的な特徴でもよいですし、客単価、リピート回数、特定のサービスを受けてくれたなど、どんな基準でも構いません。自分の気持ちに影響することと売上に影響すること、それぞれあるとよいですね。

最良客の基準

- 
- 


　ぜひそんな人たちがこれからたくさん来ることを、ニヤケるくらいまでイメージしてみましょう。

## ❖最良のお客様を分析する

　次にやることは、現時点での最良のお客様の分析です。要は、そのお客様のことが分かると、それを元に同じような特性のお客様を意図的に集めることができるのです。

ここで役立つのがこれまでとってきたアンケートです。先ほど書いた最良の１名のお客様ともう数名挙げても構いませんので、書いて頂いたアンケートを引っ張り出してきましょう。そして、次の問いに答えてみてください。

１．最良のお客様は、どういう経緯で、何がきっかけで申し込みましたか？

２．最良のお客様は、どこによく出没しますか？（オンラインでもリアルでも）

３．最良のお客様が理想としていることは何ですか？

４．最良のお客様が初めて鑑定を受けた時の最大の悩みは何でしたか？

５．最良のお客様があなたに対して、最も感じている価値はなんだと思いますか？

　　１の経緯やきっかけが分かったなら、そこに対して同じようなきっかけを作ることを考えてみましょう。
　　２の出没場所が分かれば、そこに顔を出したり、そこでPRができないかを考えてみましょう。
　　３の理想が分かれば、その未来を見せるような打ち出し方ができないか、また、その理想を叶えるための更なる新しいことや工夫ができないかを考えてみましょう。
　　４の鑑定当時の悩みが分かれば、それを鑑定案内ページの冒頭に書きましょう。
　　５のあなたに感じている価値をもっと打ち出したり高めたりできないかを

考えてみましょう。

　このようなことをやれば、最良のお客様がもっと集まってきやすくなります。次は、それを更に効率的にやっていく方法をお伝えします。それこそが僕がお伝えしたい最大の経営技術であり、新規集客をほぼ考えなくても結果的に集客がされていく方法です。

# 振り返りの技術

### ❖上手くいったことを振り返る
　少ない時間で最大の効果を継続的に出していくために、定期的に、少なくとも月１回はやっていただきたいことがあります。それは『振り返り』という作業です。上手くいったことは、何だったのか？　それはなぜ上手くいったのか？　その原因や経緯を明確にして、その上手くいったことに再現性を持たせるのです。

　売上や申込みなどの結果を操作することはできませんが、原因を作ることはできます。原因を作ることができれば、結果が出る確率も上がります。

　まず試しに、表の『成功事例・体験』の欄に、売上が上がった案件を書いてみましょう。「〇〇さんから鑑定の申込みがあった」などでOKです。

上手くいったこと

| 成功事例・体験 | 詳細 | 原因・経緯 | 再現・強化 |
| --- | --- | --- | --- |
|  |  |  |  |
|  |  |  |  |
|  |  |  |  |

　『詳細』欄は、自分が把握できていればよいので、メモ書き程度に捉えて何かあれば書いておくくらいで大丈夫です。大事なのは『原因・経緯』の欄で

す。

『原因・経緯』欄は、可能であれば直接お客様に詳しく聞ければベストです。すでにアンケートに書いて頂いているかもしれません。というか、そのためのアンケートでもあるのです。なぜ申込みに至ったのか、また、どういうきっかけや決め手があったのか、などです。

更に、こちらのアクションや意識、環境の変化が原因の場合もあります。例えば、「覚悟が決まったから」「仲間の応援があったから」「鑑定案内ページを変えたから」「引き寄せの法則を意識したから」など考えられることは様々です。思いつく限り書いておくとよいでしょう。

『再現・強化』欄は、『原因・経緯』欄を参照して、どうすればもう一度その原因を作ることができるのかを書きましょう。奇跡的な出来事も、同じような手順を踏むことで再現される可能性があります。『強化』というのは、その確率を高めることです。

### ✣『My成功マニュアル』を作成しよう

僕の例で説明の補足をしましょう。数年前、ブログを書いたら講座のお申込みがありました。もっと分析したところ、四柱推命を読み解く内容を書いた記事がきっかけだという人が多いことが分かりました。

ブログを書いたことが『経緯』で、ヒアリングから分かった「詳しい実践

的な知識が学べそうだから」という申込みの決め手が『原因』です。「それならそのような記事を定期的に書こう」というのが『再現』です。

　ブログを見た人からの申込みがあるのなら、「プロフィール写真をプロに撮ってもらってもっと良いものにしよう」「ブログにもっとアクセスが集まるように、他からリンクを貼ったり、タイトルを工夫して検索されやすいようにしよう」というのが『強化』です。

　まずは実際に書いてみて感覚をつかんでいったほうがよいと思うので、何でもよいのでとにかく思いついたことを書いてみるとよいでしょう。そして、成功確率が高いと思ったものを別の紙に箇条書きにしましょう。それがあなたの『My成功マニュアル』となるのです。

　上手くいったことは、事業家であれば、売上が上がったことが主となりますが、嬉しかったこと・楽しかったこと・幸せを感じたことなども入れてOKです。そういうことも再現・強化・マニュアル化していくことで、幸せな成功者になっていくことができるでしょう。

　ついでと言っては何ですが、もっと大きな時間軸で振り返りをすると、新たに大きな気付きを得られます。年末年始にもぜひやって頂きたいですが、ここでは次の3つの質問に答えてみてください。とても大きな力が働くテーマに気づけるかもしれません。

１．今までの人生での成功体験や大きな実績を残せたことは何ですか？


２．その原因は何だと思いますか？


３．今までの人生で、大きな幸せを感じたことは何ですか？

## ❖上手くいかなかったことを振り返る

振り返りは、上手くいったことだけでなく、上手くいかなかったこともしたほうがよいです。なぜなら、上手くいかなかいことや効果が薄いことをいつまでもやっているのは、時間の無駄使いであり進歩がないからです。"上手くいかなかったこと"は、何かをやってみて結果が出なかったことや、大変だったこと、苦しかったことなどを振り返るとよいでしょう。

そしてそれらの項目を、やめるか、様子を見るか、改善するかを、見極めることです。改善できるなら改善するとよいでしょうし、改善する余地がなかったりストレスが大きすぎたりしたらもうやめたほうがよいでしょう。様子を見るというのは、何かをやってみた結果が上手くいかなかったからといって、1回だけではその判断が難しい場合に、何度か同じようにやって様子を見てみるということです。こちらも表に従って書いてみましょう。

図3　上手くいかなったこと

| 実践項目・体験 | 詳　細 | 原因・気付き | やめる・様子見・改善 |
|---|---|---|---|
|  |  |  |  |
|  |  |  |  |
|  |  |  |  |

上手くいかなかったことの振り返りも、My成功マニュアル作りに繋がります。例えば、僕が一人暮らしをしていた頃は、テーブルの後ろに布団が敷いてあったので、「家でパソコン作業をすると50％の確率で、寝る」という統計がとれていました。だから僕のマニュアルの1つは、「パソコンはカフェでする」だったのです。

お茶代をかけてでもカフェでパソコンをしたほうが、結果的にプラスになるということが分かりました。「それくらい統計をとるほどでもないんじゃ……」と思うかもしれませんが、実際「いつも寝ちゃってダメなんだよなぁ」などと同じ失敗を繰り返すことで悩んでいる人は多い気がします。

# My成功マニュアルの使い方

## ❖随時見直して更新していく

　My成功マニュアルは、随時見直して更新していく必要があります。なぜなら、マニュアルに追加した項目でも何度かやってみたら効果が出なかったということもありますし、世の中の状況も変わってくれば通用するノウハウも変わってくるからです。それでもこの成功マニュアルは、今の時点においては最も成功確率が高い、あなたに最適なあなた専用の成功ノウハウなのです。

　巷でいろいろな人がいろいろなことを言ってきます。「こうやったほうがいいよ」とか「これやれば成功するよ」とか。そういうものに惑わされてはいけません。僕も鑑定のお客さんや受講生さんには「こうやることをオススメします」とか「これは効果がありましたよ」などと助言しますが、それも例外ではありません。あなたにとっては自分で作った成功マニュアルが最も確実な結果が出るやり方なのです。他人はあなたのことをそこまで知らないで言っているのですから、自分のマニュアルを最優先させるべきです。

　僕はこの振り返りとMy成功マニュアルのおかげで、無駄なことに時間を使わずに済んでいます。僕の主な仕事である四柱推命講座と起業フォローに充てる時間は1日2時間程度です。それ以外の時間はブログを書いたり雑務などをしたりしていますが、それほど苦にはなりません。苦手な経理・広告

運用・セールス・SEO対策などは、すべて得意な人・プロに委託・外注しています。ストレスになることや上手くいかないことに時間を使うことはあまりありません。

　My成功マニュアル作りをやっていると、いつの間にか売上アップや集客に繋がることもやっていますから、新規集客のことを考えなくても売上が上がり続けます。僕が新規集客を考えたのは平均月収が100万円を超えてからです。そこまで売上を上げるには、実際はもう少しやることがあるのですが、逆に言えば、それくらいの売上であれば新規集客のことを考えなくても充分だということです。

　更にこの『振り返り』『マニュアル化』は、事業以外でも、恋愛結婚や就活など、人生すべてのことに活用できます。例えば僕は、とても心配性なわりに独立志向が強かったので、何度も独立したり派遣で働いたりを繰り返していました。そして独立したときは、やはり生活費以上を稼げるかどうか気になって、不安に駆られる毎日を過ごしていました。

　心の余裕がないことは、事業をやるうえでも負のスパイラルを生み、トラブルにも繋がります。四柱推命を学び独立すると共に経営塾に入塾してこの『振り返り』『マニュアル化』を学んだのですが、そこで初めて『安定が大事！　無理して独立しない』というマニュアルを作ることができました。

# プランニングの技術

## ❖ プランニングのススメ

　個人起業家として事業をやっていくということは、毎月売上を上げ、安定させることはもちろんのこと、望むところまで着実に繁栄させていくということですから、月ごとの売上にはこだわって頂きたいと思います。

　現実問題、「お金のことを考えるほど苦しくなる」という側面もありますが、貢献度合いが売上金額でもありますから、今は貢献度を上げていくつもりで売上目標の達成に挑戦して頂ければと思います。まずは稼ぐ技術を身につけて経済的な余裕が出てきてから、より豊かな働き方にシフトしていくとよいと思います。

　売上を着実に上げていくために必要なのは、プランニング（計画）です。「一年の計は元旦にあり」という言葉がありますが、これはご存知の通り、「一年の目標や計画は、元旦に立てるべき」という意味です。初めのうちに目標と計画を立てなければ、ほぼ達成は不可能と言えるでしょう。もちろん元旦にも年間のことを考えて頂きたいのですが、月次作業として毎月欠かさずやりましょう。それにもやり方がありますから、説明致します。

　まず、図のようなシートをエクセルなどで作っておくと、やりやすいですね。もちろん、真っ白な紙に書いても構いません。本書の購入者特典でもプランニングシート＆振り返りシートをプレゼントしていますから、よろしければそちらもご活用ください。

---

プランニングシート　　年　月

◎今月の目標

| 目標 | 結果 | 達成後のイメージ・ご褒美 |
|------|------|------------------------|
|      |      |                        |

◎ほぼ確定見込み

|  |
|--|
|  |

◎重要課題

|  |
|--|
|  |

◎アクション項目

| 行動内容と量 | 予測 | 結果 |
|------------|------|------|
|            |      |      |

◎スケジューリング

①目標を決める

　まず決めるべきは、今月の目標（ゴール）です。目標は、最初のうちは達成する癖や自信をつけたりするために、低めに設定することをオススメします。「今月もこれくらい達成できたら嬉しいかな」「ちょっとやれば達成できそう」というくらいがよいでしょう。慣れてきたら、徐々に理想的な高い目標にしていきましょう。更にその後のイメージをしてご褒美も設定しておくと効果的です。

　なお、売上計上は、申込みベースか入金ベースかの基準を決めておく必要があります。会社の経理では受注ベース（申込みベース）が一般的ではありますが、個人事業での起業初期は入金ベースをオススメします。なぜなら、家計のやりくりのために現金が幾ら入るかが重要だと思いますし、入金率を高めることを追求していくことに焦点を当てられるからです。ただし、自分の目標達成だけのためにお客様をせかすようなことは控えましょう。

　目標に関して、1つ、注意点があります。月末ギリギリまでは達成のために頑張って頂きたいのですが、もし達成できなくても気にしないことです。「達成できなかった……」と悲観するとセルフイメージに悪影響を与えてしまいますし、事業が苦しくなってしまいます。

　体育会系の営業会社では「目標とは何だ？」と聞かれたら「達成するものです！」と答えなければなりませんが（笑）、目標を立てる一番の目的は、

行動を変えることです。目標を立てないで過ごすより、目標に向かってその達成のために頑張ったほうが、売上も成長も貢献度合いも行動力も高まります。そこに意味があるのです。

　ですから、未達成でも自分を責めてはいけません。許しましょう。頑張った自分、先月よりも１ミリでも成長したことなどを認め、褒め称えましょう。上手くいかなかったことに対しては、ただ『振り返り』をすればよいだけのことです。


②ほぼ確定見込みを把握する
　図のプランニングシートの２項目目にある『ほぼ確定見込み』という欄は、入金がほぼ確定している金額のことです。入金待ちの状態か、申込みを口約束している場合も入れてもよいでしょう。
「今度、お願いしようかな」と言われているのはただの見込み客であり、"ほぼ確定"していないので対象外です。この『ほぼ確定見込み』を把握して、目標金額からこの金額を引くことで、今月あとどれくらい売り上がればよいのかが明確になります。その明確になった金額を目指して行動を起こしていきますので、その金額も「残り○万円」と書いておきましょう。


③重要課題を見極める
　次に、そのための計画を……といきたいところですが、その前にやっておいたほうがよいことがあります。それがプランニングシート３項目目にある『重要課題』を見極めることです。現時点での重要課題を見極めなければ、ズレた行動をしがちになりますし、逆に、重要課題を把握できていれば、それが目標達成の近道となります。
　重要課題を見極めるには、まずは現状を把握することが大事です。これまで説明してきた事業の流れの中で、今のあなたはどこにいるでしょうか？
　次ページに挙げている項目は、進捗段階ごとの重要課題です。順番に見ていき、該当していなければそこに書いてある項目を重要課題としてプランニングシートに書きましょう。例えば、アンケートをあまりとっていなかったのであれば、今からでもよいのでお願いすることです。

1．モニター鑑定をこなしているか　⇒多くの人にモニター鑑定をお願いする

2．紹介・シェアを依頼しているか　⇒紹介・シェアをお願いする

3．アンケートをとっているか　⇒アンケートを依頼する

4．リピーターはいるか　⇒新規客にアプローチする

5．鑑定案内ページの申込み率を上げたか　⇒鑑定案内ページを見直す

6．金額を定価料金に設定しているか　⇒定価料金にする

7．定価料金を頂いて鑑定することに抵抗はないか　⇒お金のメンタルブロックを解消する

8．最良のお客様は明確か　⇒最良のお客様を明確にする

9．最良のお客様を分析しているか　⇒最良のお客様を分析にする

10．申込み率が高い動きは何かを把握しているか　⇒My成功マニュアルを作る

　すべての項目に該当しているのなら、申込み率が高い具体的な動きをいかに効率的に行うかが重要課題となります。実際は状況次第ではありますので必ずしもそこが重要課題ということではないのですが、1つの指針として参考にして頂ければと思います。何が重要課題なのかは、これまでの内容を理解していれば見えてくるのではと思いますし、今は分からなくても、何回かやっていくうちに感覚が掴めてくると思います。

また、多くの経営者がよくミスをするのは、『すぐに良くない所を改善したがる』ことです。問題を改善することは大事ですが、上手くいっていないことや苦手なことを優先的になんとかしようとしても、時間だけが過ぎていく結果になるでしょう。

　それよりも、『最も上手くいっている部分を伸ばす』ことを優先させるほうが賢明です。例えば、あまり売れていないサービスがあるなら、それをなんとか売れるようになどと考えないことです。それよりも、売れているもの・大きな売上に繋がっていることにフォーカスすることです。

④アクション項目を洗い出す

　次に、目標を達成するための具体的なアクションを決めるのですが、どうやって達成するかのアイディアを出してはいけません。そうです。上手くいくかどうか分からないことではなく、事実をベースに上手くいく確率が高いことをやるのでしたよね。

　過去に上手くいったことやお客様の意見を参考にしたことなどを優先的に、何をやるかのアクション項目を出していきましょう。「ブログを20記事書く」「見込み客3人に連絡をする」という具合いに、行動量も書きましょう。

　また、プランニングシートに『予測』『結果』という欄がありますが、それは、そのアクション項目によってどれくらいの売上が上がるかを予測し、その予測の精度を上げていくためのものです。最終的に目指したいのは、ただ売上を上げるのではなく、売上をコントロールできるようになることです。ですから、甘い予測ではなく、わりとシビアな予測を立てましょう。

　アクション項目とその予測を立てた時に、予測が目標金額の3倍くらいになるまでアクション項目を出すことができればベストです。というのは、予測と目標金額を一緒にしてしまうと、達成できなかったときに次はどうすればよいのかが分からなくなってしまうからです。3倍くらいの行動量、またはBプラン・Cプランまで事前に考えておけば、あとは目標金額に届くまでそれをこなしていけばよいだけということになります。もちろん、予測を甘くするのはナシですよ。

　そうすると、アクション項目が思いつかないという壁が出てくるかと思います。そんな時は、事実をベースにしたことじゃなくてもよいです。ただ、できるだけ成功確率が高いことをやったほうがよいので、『自分の強みや特性を活かしたこと』『世の中の法則・季節のイベント・人間心理に沿っていること』など、何かしらの根拠を持ったアクション項目にしましょう。上手くいっている同業者を参考にしたり、上手くいっている人にアドバイスをもらったりするのも有りです。

　また、基本的には完全な思い付きは成功確率が低いので禁止ですが、占いで直感力があると出ている場合や、直感に従って成功した経験がある場合は、持ち前の『直感力』を活かすのも有りです。

　これに近いもので『相手のためになる行動』もよいでしょう。アンケートやヒアリングで直接的な声を聞けていなくても、愛と思いやりがあれば、相手が何を望んでいるのかが分かってくるかもしれません。

　上手くいく人は「どうすれば人を幸せにできるのか」を考えていて、上手くいかない人は「どうすれば上手くいくのか」を考えているものです。そこを見誤らないためには、更にアンケートやヒアリングを実施したり、優良客のブログや好む雑誌などを見て調査したりすることもできるでしょう。

　実際、新しいことを取り入れなければ新たな可能性は広がらないので、事実をベースにしたことだけをやるよりも、新たなアクション項目を試し打ちしていくくらいがよいでしょう。

その際、決して、苦手なことや無いものをなんとかしようとしないことです。それらはどれだけ頑張っても人並みくらいにしかなりませんから、大きな成果を出すことが難しいのです。少なくともすでに有る資源（知識・もの・特技・経験・強み・人脈・能力など）を活かしたアクション項目にすることです。

　どうしてもアクション項目が「これ以上出てこない」という状態になったら、取り敢えずそれでOKとしましょう。ある程度は時間をかけて項目を出して頂きたいのですが、いつまでも考えていても進みません。「良いアクション項目が見つかりますように」と天に投げて、次に移りましょう。

⑤スケジューリングをする

　次にやるべきことは、スケジューリングです。決めたアクション項目をいつ実施するのかの予定を決め、手帳に書いておくことです。予定しておかないと「時間がなくてできなかった」という結果になることが、目に見えるようにイメージできます。

　よく「時間がない」という声を聞きますが、実際にやることとそれにかかる時間を尋ねてみると、大した時間を使っていないことも少なくありません。おそらく、無意識に無駄な時間を過ごしているのです。「何かをやる」ということは「何かをやらない」ということですから、しっかりとアクション項目を実行に移す時間を確保しましょう。

　本当に時間がない人は、いつなら時間があるのかを、まず整理することです。夏休みの計画表のように、何曜日の何時から何時までは何をしているのかを明確にしましょう。そうすると、空けられる時間・移動中にできること・他の人に頼めることなどが見つかり、できる時間とできることが増えるでしょう。

　予定を決める際に、それを実行できるか否かに関わる大事なポイントがあります。それは、具体的にやる日時を予定に入れておき、それを安易に変更しないことです。

　目標を達成するために大事なことは、アクション項目を実行することであり、それ以外のことはすべて重要なことではないのです。友人に食事に誘わ

れても「その時間は予定がある」と断ることです。意志が弱ければ先延ばし
を繰り返して、多くのアクション項目を実行に移すことは難しくなるでしょ
う。

「じゃあ、冠婚葬祭は？」「人助けは？」「友人の相談に乗るのは？」などと
思う人がいるかもしれませんが、今話しているのは売上目標を達成するため
の話です。自分の人生において、何を重要視したいのか、また、今のタイミ
ングで何を優先させたいのかは、自分自身で決めるとよいでしょう。

　もちろん、拘束時間がなく時間に余裕があるのなら、そこまでシビアにや
る必要はないでしょう。

　予定を決めるうえで、もう1つ大事なポイントがあります。それは、想定
した時間の2〜3倍の時間を確保することです。なぜなら、予定というのは
計画通りに進まない場合が多いからです。

　前の予定が長引いたり、実際にアクション項目を実行し始めても、いろい
ろなことが気になったりトラブルが起きたりもします。余裕を持って予定を
確保しておきましょう。もし、どうしても時間が足りないのなら、目標設定
を見直したほうがよいかもしれません。

⑥実行する

　あとは、決めた日に決めたことを実行するだけです。基本的には理由もな
しに予定を変えて他のことをしてはいけません。他のことをしてもよいのは、
売上目標に近づく場合・重要課題をクリアできる場合のみです。

例えば、ブログを書く予定の日に「家族全員分鑑定してほしい」と言われたら、それで数万円の売上となりますから、ブログを書くのは別日にすればよいでしょう。そもそもブログを書くと決めたのも目標達成のためですから、他の方法で目標が達成されるなら、そちらを優先させることです。また、重要課題をクリアできそうな提案などを受けたら、それによって一気に目標金額に近づく可能性がありますから、それも優先させてもよいでしょう。

　中には、「体調が優れない」「どうしても疲れていてやる気力がない」という日も出てくるでしょう。この場合も延期してOKです。エネルギー切れの状態では何をやっても非効率ですし、質の悪いアクションになってしまいます。そんな時は、美味しいものを食べて湯船につかって、ゆっくりと休むことが良い選択です。

　予定を決めたのはあくまでスケジュール管理のためであって、絶対に守らなければならないものではありません。あまりストイックにやりすぎると、どんどん苦しくなっていきます。ストレスの少ない働き方とは、できない自分・できなかった自分を許すことです。その日の予定が実行できないときは「来週のこの日に変更しよう」と、ただリスケジュールすればよいのです。

## ❀プランニングをルーティンにする
　『振り返り』『プランニング』は、非常に重要ですから、できれば月初めに

丸一日時間を確保して取り組んでみてください。最初は少し大変な作業だと思うかもしれませんが、気付きも多いですし、My成功マニュアルをアップデートしながら、少ない時間と労力で大きな売上を上げる事業スタイルを確立させていくことができます。

　大事なのは、今月、より多くの売上を上げることではなく、着実に事業を繁栄させていくことです。良いことも良くないことも、冷静に振り返りをして、次に活かしましょう。

　こういうことは『技術』ですから、誰でも練習して徐々に身につけていくことができます。また、慣れてくればそれほど大変なことではなくなります。事業が軌道に乗るまではそれなりに時間もかかる作業となりますが、ある程度売上が安定してくれば、ほぼMy成功マニュアル通りにやればよいだけになりますから、ササっとやるだけで大丈夫になってきます。ぜひモノになるまで、続けてみてください。

# 第4章

# アメブロで集客する

# アメブロは必須ではないが効果的

## ❖効果的な集客方法は、みな同じではない

　ここまで読んで頂いて実践された方は、新規集客のことをあまり考えなくても集客ができているのではないでしょうか。僕自身も新規集客のための行動はあまり考えずにやってきました。これまで新規集客のことをお伝えしてこなかったのは、そこにフォーカスしない事業のやり方だからです。

　もちろん、新規集客をしないのではありません。振り返り・再現・強化・マニュアル化によって「効率的に新規集客がされる行動を追求していた」のです。自分がお客様を探しに行くよりも、お客様が自分に集まってきてくれるほうを選択したとも言えるでしょう。

　ですから、僕が新規集客にフォーカスしてこなかったとはいえ、結果的に多くの集客をしてきた経験から「こうすれば集客ができる」というノウハウは蓄積されています。

　ただ、前提として押さえておいて頂きたいのは、最優先すべきはあなた自身のMy成功マニュアルだということです。効果的な集客方法は、あなたの資質・実績・好み・価値観・得意不得意・ストレスになるか否か・ウケが良いか否かなどによって違います。

　僕の場合はアメブロを主としたやり方で結果を出し続けることができてい

ますので、僕がこれまでどのような工夫をしてきたのかを共有させて頂きたいと思います。また、経営コンサルタントから学んだことも集客効果を上げることに繋がっており、普遍的な"集客効果が上がるテクニックやポイント"などもありますので、併せてお伝えさせて頂きます。ぜひブログやSNSの活用に抵抗のない方は、取り入れてみてください。

# ブログをやるならアメブロが良い

### ❖最もアクセスが集まりやすい

　僕がアメブロをオススメする理由は、最もアクセスが集まりやすいからです。ブログサービスは他社でも提供していますが、アメブロは会員同士のコミュニケーションが活性化される仕組みが特徴で利用者も多いので、その分アクセスも集まりやすいのです。

　各社のブログサービスは、それぞれ特徴があり、視点によってはアメブロより優れているブログサービスもありますが、集客をするという観点ではアメブロがベストだと思います。

　少し知識がある人なら「WordPress（ワードプレス）はどうか？」と思う人もいるでしょう。

　ワードプレスとは、機能性と自由度が高いブログ機能付きのサイト作成サービスです。独自ドメインを設定できて無料で使えるので、ブランドの確立やSEO対策などの観点から、自社の公式サイトをワードプレスで作る企

業も少なくありません。ただ、徐々にサイトを育てていくようなイメージで、初期段階でのアクセスはほぼ期待できません。

　なお、独自ドメインとは、サイトのURLが「https://ameblo.jp/ 〜」などのブログサービス提供企業のものではなく、自分で決めたオリジナルのドメインであるということです。それを利用するためには、『サーバーのレンタル』『ドメインの取得』『サイトへの設定』を行う必要があり、そのためには多少の知識や費用が必要となります。そのようなことをやったことがない人にとっては、少しハードルが高いかもしれません。

# SEO対策について

### ✿独自ドメインのサイトのほうが有利

　Googleで検索した時に上位表示がされるようにすることをSEO対策と言いますが、実は、アメブロはSEO対策には向きません。これはアメブロに限らず、他者の無料サービスを利用している場合のすべてに言えることです。SEO対策には独自ドメインのサイトのほうが有利なのです。

　ただ、独自ドメインにしたからといって、それだけで上位表示されるわけではないですし、そこにアクセスを集めるのは長期的に取り組む姿勢が必要となります。アメブロと併用して独自ドメインのサイトがあるとベストですが、取り敢えず本書ではそこまでは求めないでおきます。

　SEO対策をするには、Googleのアルゴリズム（上位表示されるサイトが

選ばれるルール・計算方法）に沿ったサイトであることが大事です。実はそのアルゴリズムは目的を追求するために時々変更されますので、どんなアルゴリズムかを知って小手先だけのテクニックで対策をしても、それに振り回される結果となります。そもそもアルゴリズムを理解してその記事を書くのは、専門的で難しくなってきます。SEO記事の執筆を代行するライターがいるくらいです。

　それよりも、まずはGoogleの目的を共に果たす意識を持ったほうがよいでしょう。Googleの目的とは、情報を知りたい人がキーワードを入れて検索したときに、最適なサイトが上位表示されることです。

　ですから、独自ドメインであろうがアメブロであろうが、検索者の目的達成に役立つ良い記事を書くことがSEO対策の基本であり、今後も長期的にアクセスを集めることになるでしょう。

# ブログを整える

### ❖まず、ブログのタイトルと説明文を決める

　ブログを整えることがどれだけSEO対策に効果的かは分かりませんが、ブログの訪問者に対しては大きな効果が期待できます。ブログが整っているか否かによって、信頼できそうか、または怪しいと思われるかが決まるのです。多くの人はスマートフォンでブログを見ますが、パソコンでブログを見る人も少なくありませんので、まずは各種基本設定を充実させることです。

　一番初めに決めるのは、ブログのタイトルと説明文です。一番マズイのは、初期状態のままにしておくことです。ここを変えておかないと、初期状態だということが明白なので、「ブログはあるけど、ほとんど何もやっていない人なんだな」と思われるでしょう。できれば自分スタイルを確立したうえでのブログタイトルがよいですが、いつでも変更できますから、とりあえず何でもよいので決めておきましょう。

　タイトルと同じくらい大事なのは、プロフィール写真です。これも未設定だとあまりやる気が感じられません。極力、カンジの良い本人の写真を載せることです。

理想はプロのカメラマンに何枚か撮って頂いて、その中からどれが一番良いかを周囲に聞いて、最良客の声を優先して決めることです。Facebookを日常的に使っている人であれば、「どの写真がいいですか？」というような投稿は、簡単に人の役に立つことができますし面白がってくれますので、多くの人がコメントしてくれます。

　もちろん最初のうちは自撮りの写真でも構いませんが、載せないほうがマシだと思う表情になっても自分では気づきづらいですから、必ず複数名の意見は聞くようにしましょう。写真に番号を付けて答えやすくしてあげたり、選んだ理由も書いてもらったりすると、なお良いですね。

るるのプロフ写真は
Myワールド
全開にしちゃお♪

　名前の設定も大事です。例えば、「星ゆかり」と書いてあるのと「yuka」と書いてあるのとでは、印象が全然違いませんでしょうか？　表示されている名前によって、堂々と仕事をしているのか、コソコソやっているのかの差が出るように思います。

　日本人は昔から、敵と戦う前にも名前を名乗っていましたから、後者のような表記の人からメッセージなどを頂くと「名を名乗れ！」と思う人も少なくないと思います。本名を出したくなければ、旧姓を使うか、カタカナにするか、ビジネスネームか、あたりであれば問題ないでしょう。

　また、名前の欄に職業も書いておくと何をしている人なのかが瞬時に分かるのでオススメです。アメブロ利用者同士で交流をする際にも興味を持ってもらえる確率が高くなるでしょう。

## ✿テーマごとにカテゴリを分ける

　ブログ記事は、テーマごとにカテゴリを分けることができます。例えば、「プロフィール」「天中殺」「鑑定報告」「お客様の感想」「イベント案内」「キャンペーン情報」「よくある質問」などの項目があります。それを分けることによって、そのテーマに興味がある人は、同じテーマの記事を一覧で見ることができますし、そのテーマの記事一覧のURLもありますので、「○○についてはこちらに一覧があります」などの利用用途も出てくるでしょう。

　また、テーマを更に大きなグループに分けたい場合は、「けいせん」で変換すると「┣」「┗」が使えますので、それを各テーマの頭に付けて順番を整理するとより見やすくなります。

```
■プロフィール
┣自分鑑定
┗占いを始めるまで
■四柱推命の知識
┣四柱推命とは
┣通変星の意味
┣十二運星の意味
┗天中殺
■鑑定活動
┣鑑定報告
┣お客様の声
┣イベント案内
┗キャンペーン情報
■その他開運方法
┣エネルギー
┣浄化
┗その他
■オススメ紹介
┗四柱推命の本
```

　また、ブログ記事を読みやすくするためには、小見出しや枠線を使うとよいでしょう。「アメブロ　枠線」などで検索すると無償で提供しているサイトがありますので、それをコピー＆ペーストして簡単に使うことができます。これがあるのとないのとでは、読みやすさが全然変わってきますので、そういうことにこだわることで読まれる確率や人数や回数も増えていきます。

　小見出しは文中にほぼ毎回使いますし、枠線を利用したお知らせ欄などを記事下に毎回載せたほうがよいでしょう。

　鑑定の案内ページへのリンクも毎回必須です。記事下に載っていなければ、あなたが鑑定をやっていることにさえ気づかれない場合が多いからです。また、他にもPRしたいリンクやバナーも毎回あったほうがよいですね。ただ、これらをすべて毎回ゼロからやるのは大変ですから、ここでその作業が楽にやる方法をお伝えしましょう。

　やることは、テンプレートとなる記事を作成するのです。まず、新規でブログを書くのと同じように、まっさらな記事の編集画面に毎回使用する部分のみを作ります。小見出し3つくらいとお知らせ欄、リンク、バナー、毎回

のあいさつ文などがそれに該当します。せっかくなので、よく使うハッシュタグやよく書くテーマも選択しておきましょう。

そしたらその記事の投稿日時を今月末に指定して、下書きします。そうするとその記事は下書きの状態で保存されますので、実際に記事を書くときは、その記事を複製して、複製した記事を編集して書くのです。あとは内容を書いて投稿日時を編集するだけですから、だいぶ楽になります。

下書きの記事を今月末にしておくのは、パソコンで編集画面を見た時に、一番見やすい位置にその記事が表示されるようになるからです。来月になったら、投稿日時だけその月の月末に変更しておきましょう。

また、専門的な内容になりますが、アメブロをカスタマイズをするとより見やすくなったり自分ブランドが強化されたりします。トップの画像をオリジナルにしたり、メニューを加えたり、文字の色や大きさなどの細かい部分の設定ができたりします。

ただこれは『CSSの編集』という少し難しい領域になってしまいますので本書では省略させて頂きますが、興味がある方は「アメブロ　カスタマイズ」「アメブロ　CSS」などで検索すると編集方法を調べることができます。または業者に依頼するのも有りですね。カスタマイズに関しては、どこかのタイミングで少しこだわるとよいと思いますが、事業の序盤ではスルーしても問題ありません。

# 信頼される記事を書く

### ❖信頼を勝ち取るポイント

ブログで集客をするための根幹は、何と言ってもブログ記事が魅力的であることです。

さて、"ブログ記事が魅力的"とはどういうことでしょうか？　それは、読んでいてタメになるし面白いし、記事を毎回読みたくなって、書いているあなたのことも好きになっていく人が増えるということです。更に、あなたの占い鑑定にも興味を持ち、自分の問題解決や願望実現にそれが役立つということを理解していくことです。それが集客に繋がっていきます。

お金を頂いて占い鑑定をするということは、まずお客様があなたにお金を支払う対象として相応しいことが前提です。これまで鑑定スキルを磨いてきたあなたはその条件を満たしているのですが、あなたのことを全く知らない、初めてブログに訪問した人にそれを証明していく必要があるのです。そのためには、幾つかのポイントがあります。

　ブログ記事だけであなたが信頼されるためには、あなたが占いの知識を持っていて、その鑑定をすることで人の人生を好転させることができ、実際に多くの人が喜んでいる、という幾つかの要素を伝える必要があります。

　すでに作成してある鑑定案内ページはその役割を大きく担っているのですが、それだけでは足りません。なぜなら、需要がある人に自分を見つけてもらい、相手との関係性を築き、相手の役に立てることを知ってもらって決断に至るまで、いろいろな角度から何度も情報を発信していく必要があるからです。

　具体的には、次のような記事を書くと効果的です。

・占いの知識：専門知識を書いていくことで、勉強になると思ってもらえます。自分スタイルを確立したうえでの観点の情報なら、更に面白がっていただけます。
・鑑定事例：どのような鑑定ができる人なのかを伝えることができます。最近鑑定したお客様のことやニュースで話題になった人や事柄を取り上げてもよいでしょう。
・読み手のパラダイム転換：相手が常識だと思っている価値観を覆すことで、一気に信頼を得られます。有形のものより無形のものが大事であることや、思いもしなかった事柄のほうが優先度が高いなど、より本質的な内容がこれに該当します。相手の価値観を否定せず、両方大事だというような書き方をするとよいでしょう。
・鑑定活動の報告：実際に鑑定したことを書くことで、ちゃんと活動している人だと認識してもらえます。
・お客様の感想：鑑定後の感想を載せることで、「私も鑑定を受けたらそれを体験できる・そうなれるかも」とイメージを湧かせ、期待させることが

できます。頂いた感想の中でより良いものを選抜して鑑定案内ページに掲載するとよいでしょう。

・情報提供：『今月の過ごし方』など読者さんが読みたい情報を提供すると、恩を売ることができます。

・活躍している様子：鑑定をたくさんしている様子を書くことで、「申込みが入るのが当たり前の人なんだ」「選ばれるほど良い鑑定なんだ」と自然に思って頂けます。ただ、そのためには「今週だけで申込みが3件ありました！」と書くより「今週申込み頂いた3名の方、私を選んで頂きありがとうございました」と、結果を強調せず、当たり前のようにサラッと書いたほうが好感を持たれるでしょう。

　要は、あなたが占いを使って人を幸せにできる人だということの信頼性が高まるような記事を、いろいろ書けばよいのです。何かの告知文を書くときも、ただ告知するのではなく、申し込まない人にも役立つように、読むだけでも学びになるように書くと信頼性が更に高まります。特に読み手のパラダイムが転換されると、その効果は大きいです。

素敵なパートナーが出来ました♡

コミュニケーションが苦手で、好きな人にもなかなか話しかけられなかった私。
だけど、るるちゃんの占いで、そんな私だからこそ素敵♡、って言われて、欠点だと思ってたのに長所なんだ！！って初めて自分を認めることができました。その上るるちゃんは、私の魅力をたくさん教えてくれて、ありのままの自分に自信が持てるようになり、この度、素敵なパートナーが出来ました！！今、とっても幸せです♡
るるちゃんのアドバイスのおかげです！！
本当にありがとう♡
（きのはさん　20代女性）

お客様のリアルな声を読者に伝えてあげよう。顔写真もあるとさらにグッド！！

# 好かれる記事を書く

## ❖お客様は、メリットだけで決めるわけではない

　お客様は、誰から鑑定を受けるかを決める時に、メリットだけで決めるわけではありません。親近感を持っている人・なんとなく好きな人・より深く知っている人などを選ぶ場合が多いのです。人によって判断基準は違いますが、メリット重視の人の申込み率を上げることもできますので、より多くの人に興味を持って頂くために意識するとよいでしょう。

　具体的には、次のような要素を入れた記事を書くと効果的です。

- 一般的なプロフィール：出身地や趣味、飼っているペットなど、何でもよいので出していくことで、読み手は勝手に共通点を見つけて親近感を持ちます。プロフィールを1回書いて終わりではなく、それらのエピソードなどを記事に散りばめていくとよいでしょう。
- 内面：信念・美学・ビジョン、その他にも思っていること・考えていることなどを出していきましょう。アウトプット情報よりも自分の内面を出していったほうが、人間味があり面白い記事になります。
- 憧れること：ターゲット層が求めるライフスタイルや人間関係など、理想を実現できていることを記事内で共有しましょう。「あなたみたいになりたい」と思われたら、「教えてあげますよ」となりやすいです。ただ、自慢げに出すと感じが悪く嫌われますので、ナチュラルに出していきましょう。
- 元気を与える：単純に、前向きで、読んでいて楽しくなる記事は、読みたくなります。資質によっては、自分の声や動画を貼り付けると効果的な人もいるでしょう。
- 失敗談・悪戦苦闘：人は、人の素晴らしい状態以上に、失敗・苦悩・葛藤などに引かれます。取り繕って良く見せようとしても無理している感が出ますし、壁を感じたりつまらない記事になったりしてしまいます。ありのままの自分で勝負しましょう。

過去の経験でも今の悪戦苦闘していることでも構いません。大げさに聞こえるかもしれませんが、命を懸けて事業をやっているのですから、出したくないことほど出しましょう。心配しなくても似たような人はたくさんいますし、その人たちからは強い共感・親近感を得られます。平凡なことや良いことしか書かない物語は、つまらないのです。もちろん、どうしても書きたくないことは書かなくて構いません。

- 人生の感動ストーリー：自分のこれまでの人生を、読み物として面白く書くと効果大です。人を感動させることができれば、相手の感情は動き、自分に関心を強く持ち、お申込みにも繋がりやすくなります。実は、売れている作品には、ある程度決まったストーリーの型があるのです。

　『神話の法則』で検索すると詳しく載っていますが、ハリーポッターであれ、千と千尋であれ、鬼滅の刃であれ、その法則に沿っているのです。人生全部をダラダラ書いてもつまらない経歴書のようになってしまいますから、神話の法則に基づいてエピソードを抜粋し、それぞれの描写を描くようにするとよいでしょう。映画の主人公＆小説家になったつもりでチャレンジしてみてはいかがでしょうか。

　人がストーリーによって心を動かされるのは、『普遍の原理原則』のようなものですので、できるだけ多くの記事の中にも小さなストーリーを意識できるとよいですね。あとは、基本的に人として嫌われるような記事にしないことです。無理に善人ぶる必要はありませんが、人を否定したり、ネガティブな結末で終わらせたり、偉そうにもしないほうがよいでしょう。

「おかげさま」「書かせて頂いている」「読者さんが幸せになりますように」という気持ちを常に持ちながら執筆したいものです。

# 無料相談を受け付ける

### ❖ 誰か1人を想定して書く

ブログ記事は、できれば自分が書きたいことよりも、読者さんが読みたいことを多めに書いたほうがよいですし、誰か1人を想定して書いたほうが、似たような状態の人にメッセージが届きやすいです。

そこで、良いと思うやり方が、無料相談を受け付けることです。無料相談を受け付けてその回答をブログ記事に書くことのメリットは、他にも「恩を売れる」「記事ネタに困らない」「見込み客にお試ししてもらえる」などがあります。

注意点としては、個別の占い結果をベースとした回答でも、他の読者さんにも役に立つように書くことです。例えば、ただ「Aさんの場合はこうしたほうがよいですね」と書くよりは、「Aさんのようにこの星を持っている人はこういう傾向がありますから、こうしていくとよいですね」と書いたほうが、他の人にとっても「私にも当てはまっている!　ふむふむ、なるほど!」と価値を感じられる記事になります。

あとは、相談者に喜んでもらえる内容にするのは当然ですが、逆に自分が大変にならないことです。長文の相談内容を送って頂いても、読むのも大変ですし、そのままブログに載せると読者さんも読む気がなくなるので要点をまとめる必要も出てきます。無料相談は「ブログ記事にできるなら、これくらいなら無料でやってもいい」というくらいの感覚でないと続きませんから、これに関しては自分都合優先でやるとよいでしょう。

逆に、相談内容が短すぎる場合も少なくありません。何も指定しないと「相談内容は仕事です」「結婚が上手くいきません」「幸せになりたい」くらいしか送られてこない時もあるのです。確かに占いの一般的なイメージは「一方的にいろいろなことを言われる」というものかもしれません。しかしそれだけの相談内容では、「仕事がどうしたのですか?」「結婚が上手くい

かないから、何ですか？」「幸せになりたいなら、なればいいじゃないですか」と返したくなるのは僕だけでしょうか。

　短い相談内容でも占い結果を説明しようと思えばいくらでもできますが、占い師は特殊能力者ではないのですから、状況も聞かずに相談内容に対する的確な答えは導き出せませんよね。占い鑑定で何を伝えたらよいか分からなくなる原因の１つは『ヒアリング不足』ですから、頂く情報のボリュームは、ある程度は必要なのです。

　また、無料だからとテキトーな気持ちで短い文章で送ってきた内容に対して、熱量をかけて回答したいとは思わないのではないでしょうか。

　できるだけお役に立てるよう、そしてストレスなく記事を書き続けるためには、送って頂く情報のルールなどを決めて定型文なども利用することと、一連の流れをマニュアル化して手間なくスムーズにこなすことです。鑑定の集客をしたいのであれば、無料相談はお試し鑑定くらいがちょうど良いでしょう。送って頂く相談内容は、短すぎず長すぎず、必要な情報だけが得られるようにしたいところです。

　例えば、四柱推命や算命学の場合は、次ページに挙げるような内容を明記し、自分がやりやすいように必要情報の指定や条件などを決めるとよいと思います。

- 生年月日（西暦）※もし分かれば出生時間もお知らせください。
- 公開してもよいお名前（ニックネームやイニシャルでも可）
- 相談内容（『望んでいる未来』『現状』『壁に感じていること・悩み・質問』の３点を各50〜100文字程度で）
  ※相談内容は１つのみとさせて頂きます。
  ※病気・不妊・霊・トラウマ・不倫・他人の気持ちなどは鑑定できかねますので、ご了承ください。
  ※回答までしばらくお待ちいただく場合があります。

# LINEと相乗効果を生む

## ❖ より多くの人に登録してもらうためにやること

　無料相談をはじめ、お客様とのコミュニケーションを気軽にとっていくのに使えるツールがLINEです。LINE公式アカウントを作り、そこで双方がメッセージのやり取りをできるようにしましょう。そうすることで、徐々に信用を築き、鑑定申込みに繋がる可能性が高まっていきます。中には、「鑑定を受けたいんですけど分からないことがあって……」などと相談してくる人もいます。

　なお、お互いがメッセージを送信できるようにするには、設定をそのようにしておく必要があります。

　とにもかくにも、まずはお友だち登録をしてくれる人がいなければ始まりません。ブログの記事下などにバナーを貼って、より多くの人に登録して頂きましょう。登録して頂くためには、特典などのメリットが必要です。「こんな情報をお届けします」「鑑定書をプレゼントします」「無料相談受け付けます」「限定募集・先行募集します」などが考えられますね。

　ブログにたまたま訪問してくれた人がLINEにも登録してくれれば、LINEでブログ記事を共有などすればまた見てくれる確率が一気に高まります。より多くの人のお役に立てるよう、同じ人との接点を増やしましょう。

　LINEに登録して頂いたら、その時に自動的に送信されるあいさつメッセージがあります。ここに、無料相談やお友だち登録プレゼント、他にお知

らせしたいことなどを設定しておきましょう。特典を希望する人は、それに従ってメッセージを送ってくれるようになります。

　無料相談を受け付けてブログ記事で回答する場合は、「○日の○時にアップしますので、手帳等に書いて忘れずにチェックしてくださいね。よければ感想もコメントやメッセージでください」などと返しておけば、その日時にブログを予約投稿しておくのみです。すぐに記事を書けない場合は、頂いた情報を貼り付けた状態で投稿日時を設定し、下書き状態にしておくと忘れなくてよいですね。

　もちろん、書いたブログ記事を配信することで、より多くの人にブログを見て頂けるようになりますので、定期的に配信しましょう。登録者は、配信が多いと感じたら通知をオフにしたりブロックしたりしますから、有益な情報を程良い頻度で送ることです。

　なお、ブロックされることは気にする必要はありません。価値観は人それぞれですし、特典だけ欲しさに登録する人もいます。さすがにブロックされる率が高すぎると見直しが必要だと思いますが、3〜4割くらいはブロックされて当たり前だと思っておきましょう。

　逆に、配信を受け取りたくない人はブロックしてくれたほうがよいです。登録者が増えてくると配信数に応じて料金もかかってきますし、関心がない人とのやり取りほど無駄なことはありません。新規の登録者やメッセージが届く人数が少しずつ増えて、それが自分の発信に関心がある人たちであればよいのです。


### ❖相手に行動を起こしてもらう癖をつける

　また、時々でもよいので、画像や動画を送ったり、プレゼントやキャンペーン企画を打ち出したり、ちょっとしたアンケートをとってその情報を配信するなどの使い方をすると、より効果が高まります。相手に行動を起こしてもらう癖をつけることができますし、関係性も徐々に深くなりますので、有料サービスの募集案内に対しても反応が良くなります。LINEの場合は送った直後に見てくれる人が多いので、即効性もあります。

　LINEの使い方でもう1つオススメしたいのは、鑑定申込み〜その後のや

り取りを円滑にすることです。

　実は、昨今はメールを送っても見てもらえていないケースが少なくないのです。迷惑メールフォルダに入っている場合もありますし、エラーメールが返信されなくても相手が確認できていない場合もあるのです。

　これまで、申込み後に連絡が取れなくなった人がいるなら、もしかするとそれが原因かもしれません。申込み後にLINEから「申し込みました○○です」と一言でもよいので、メッセージを送って頂くようにするとよいでしょう。そうするとその後のやり取りも「○○をメールでお送りしましたのでご確認ください」とLINEで送ることで、確実性が高まります。

# 自力と他力でPRする

### ❖他人に紹介してもらうためのポイント

　集客方法を別の観点で分けると、自力で集めるか、他人に集めてもらうか、のいずれかになります。前者は、自分が動けばよいだけです。後者は、相手が何かしらのメリットがあれば動いてくれます。それは金銭的なものや、感情的な満足感などでも構いません。

　自力でブログのアクセスを増やすには、そのブログをいかにPRするか、ということがテーマとなります。SNSを使うことに抵抗がない人は、

Facebook や Twitter、Instagram、Youtube など、他のインターネット上の
マイページからリンクを貼るとよいでしょう。

　アナログな人は、名刺やチラシなどのツールを使うとよいでしょう。そ
の際、相手が面倒だと思うと見てもらえませんので、QR コードを付けたり、
「○○で検索してください」と書いたり、メールで URL を送ってあげるなど
の工夫をしたほうがよいでしょう。いずれにしても、ブログを読みたくなる
ようなキャッチコピーが必要です。

　他人にブログを紹介してもらうには、お願いする、交換条件を提示する、
紹介したくなるようなアクションをとる、などがありますね。人には、やっ
てもらったことをやってあげたくなるという心理もありますから、良いと
思ったブログをフォローしたり、記事にいいねを付けたり、紹介文付きでリ
ンクを貼ったりリブログしたりするのもよいでしょう。

　前提として大事なのは、普段から人が紹介したくなるような記事を書くこ
とです。「また明日も読みたい」と思われるように努めることです。

　たまに僕にも「リブログしていいですか？」と質問を頂きますが、問題あ
りません。僕に限らず、基本的にはブログは公開のものですし、多くの人に
見て頂くことは嬉しいはずですから、嫌がる人はいないと思ってよいでしょ
う。そもそも嫌な人はそれができない設定にしています。

　事業の序盤では、いかにお金をかけないでやるかが大事ですから、広告を
使うのはナシです。1 回 1 〜 3 万円程度のメニューしかない場合は、確実に

赤字になります。これは広告業界で反応率などのデータがとられていて、ほぼほぼ確定している結果なのです。

　それ以外で人に動いてもらうのは、お願い上手・喜び上手・巻き込み上手・企画提案力などの一種の能力のようなものが問われますから、自力でPRすることを軸にやっていくとよいでしょう。

# タイトルでアクセスを増やす（キャッチコピー編）

## ❀タイトルに入っていたほうがよい要素

　あなたのブログ記事がどこかで紹介されるときは、大抵、タイトルがセットで表示されますから、それを見た人がクリックしたくなるような記事タイトルにすることがアクセス数に大きく影響します。例えば「今日食べたもの」と「息子も喜んで食べたピーマン料理」とでは、圧倒的な差が出ることは想像できるでしょう。

　クリック率が高いキャッチコピーは、すでに研究がされていて、入っていたほうがよい要素がある程度決まっています。なお、厳密にはキャッチコピーは、『商品の魅力を瞬時に伝えるもの』と『とにかく見てもらうためのもの』の2通りがあります。ここでは目的が後者ですから、そこに焦点を当ててお伝えします。

　記事を見て頂くために"タイトルに入っていたほうがよい要素"には様々なものがありますので、一通りご紹介します。

・読み手にとってのメリット
・意外なこと・常識外れなこと
・聞いたことのない新しいこと
・早くしないと対象外になること
・具体的なこと・数字が入っていること
・普通より楽に簡単にできること
・普通より早くできること
・共感される理念やビジョン

- 諦めかけていたことに対しての希望
- 誰かにとっての図星
- まさにそれを求めていたと思われること
- 史上初のチャレンジ
- 比較
- 衝撃の事実
- 感情に訴えること
- 小さなことが大きな損失になること
- 魅力的な特典や保証
- 人が気になっていることの解説
- 時事ネタ

　最も入っていたほうがよい要素は、『読み手にとってのメリット』です。基本的には、人は自分に有益な情報を得たいと思っていますから、より幸福度を上げるために役立つ記事を書き、それを参考にして頂けるようなタイトルが望ましいのです。それに加えて、同時に幾つかの要素を入れたタイトルにできないかを考えてみましょう。繰り返しになりますが、タイトルによって記事が読まれるか否かが決まりますから、多少時間をかけてでも考えたほうがよいでしょう。

### ❖キャッチコピー例とタイトル例
　イメージを付けやすいように、キャッチコピー例とタイトル例を幾つかご紹介します。

- 10年続く企業と1年で終わる起業の違い
- 【先着10名様】運勢カレンダーを無料提供
- 大統領に紹介されるほど喜ばれた占い鑑定とは
- 月間100人とお茶します！　誰かお願いします！
- ゼロから1か月で四柱推命鑑定師になれる理由
- 1週間で5万円を売り上げた見習い占い師がやったこと

- 安定と自由の葛藤を解消する３ステップ
- 【あと５名】「分かりやすい！」と現状100％喜ばれている四柱推命モニター鑑定
- 仕事が続かない飽きっぽい人が、活躍できる働き方
- 起業するのに自信なんか要らない
- １％の違和感が、本来の自分を見失わせる
- 一刻も早く会社を辞めたほうがいい人
- 占い勉強会、前回よりも集まっています！
- 月収５万円を超えられない個人起業家の典型的なパターン

　なんとなくポイントも分かってきたのではないでしょうか。あとは数をこなしてより反応の良いタイトルの感覚を掴んでいくことですね。なお、LINEでメッセージを送る際は、通知に表示される最初の１行がこれと同じ役割となります。その場合、あまりこだわった冒頭よりも「そうそう、そう言えば……」などのほうが高い開封率となる場合もあります。それは「いつもしっかりしたタイトルが付いているのに、何かあったのかな？　もしかして個別メッセージ？」と思われるためでしょう。あまり心理を逆手にとるようなことは嫌われる原因にもなりますが、それも含めて人間心理をいかに理解するかは大事なことです。
　なお、自分のアメブロ自体に付ける『ブログタイトル』は、強く訴求するメッセージでもありますから、「読み手にとってのメリット」「共感される理

念やビジョン」「記憶に残りやすい響き」「シンプルさ」などの要素が入っているとよいかなと思います。

　ブログタイトルも記事タイトルも、リンクが貼られたときに表示される文字数に収まっていたほうがよいですし、パッと見て読めるくらいがよいので、長くなりすぎないように注意しましょう。

# タイトルでアクセスを増やす（検索ワード編）

### ❖『人が検索するであろうキーワード』を入れる

　アメブロはSEO対策に向かないとお伝えしましたが、検索エンジンはタイトルを重要視するというアルゴリズムがあります。これを利用すると、アメブロで上位表示される可能性が高くなります。具体的には、ブログタイトルや記事タイトルに、『人が検索するであろうキーワード』を入れるのです。『人が検索するであろうキーワード』とは、顕在化されたニーズです。

　分かりやすく言うと「人が何かを知りたいと思った時に、Googleの検索窓に何と入力するか」です。「流行っている単語」「有名人の名前」などの時事ネタや、「サービス名＋地域名」「症状＋直し方」などのキーワードで検索するのではないでしょうか。記事タイトルを考える時に、その単語を入れたタイトルにするのです。

　もちろん、そのキーワードで検索する人があまりいなければ効果は薄いですし、逆に検索する人が多くてもそのキーワードを使った記事が他にもたくさんある場合は、それらが競合となります。こだわりたい場合はGoogleの無料サービスで月間検索ボリュームと競合性を調べることもできますが、それも大変だと思いますので、タイトルを決める時に少し意識する程度でよいと思います。

　時事ネタや有名人の名前は、必ず検索する人が一定数いますから、話題になった早い段階でその記事を書いたり、「有名人の名前＋占い」というキーワードを入れて、「○○さんを勝手に四柱推命占い鑑定」などの記事を書いたりすることも上位表示・アクセスアップに繋がりやすいでしょう。

　僕は芸能ネタなどにあまり関心がないのでそのようなことは多くはやって

いませんが、好きな有名人をたまに取り上げることがあります。検索する人が多くはありませんが、「福原愛　四柱推命」「江頭　四柱推命」または「福原愛　占い」「江頭　占い」で検索すると、本書を執筆している時点では、だいぶ前に書いた記事でも上位に表示されます。またその人が話題になった時は、アクセス数もグッと伸びるのです。

　有名人であっても、相手は人ですから、取り扱いには注意しましょう。よくないスキャンダルなどを事例に出す場合も、応援するような想いで書きましょう。本人やファンの方が見て悲しむような内容を避けるのは、最低限のマナーだと思います。

# 背中を押してあげる

### ❖最終的な判断は相手に任せる

　集客数に大きく影響することの1つは、『背中を押してあげられるか否か』です。ほとんどの人は、何かきっかけがないと一歩を踏み出すことができません。勘違いしないでいただきたいのは、背中を押してあげるということは、善意であり相手のためにもなるということです。

　実は、僕は過去にセールスマンの営業によって100万円×3件くらい無駄な買い物をしてしまったと思ったことがあり、その返済に苦しみました。それがプチトラウマとなって、背中を押すことは悪いことなんじゃないかと思っていたのです。

　ですが、それは自分の捉え方がネガティブだっただけということに気がつきました。それらは良い学びになり、後から活用できるものもありました。当時からすると高い買い物・勉強代でしたが、すべてひっくるめてそれらの経験はプライスレスな価値となり、間接的・長期的にはそれ以上の売上を上げる役割も果たしてくれました。

　今では「背中を押してくれてありがとうございます」という声も頂けるようになり、四柱推命をはじめとした自分のサービスに対して絶対的な自信があるので、背中を押すことに対する抵抗はなくなりました。もちろん、相手の状況や価値観を無視して押し売りするようなことはしていません。

僕がやっているのは、待ちの姿勢を基本としながら背中を押し、最終的な判断は相手任せ、というスタンスです。背中を押しても今じゃないと思う人は、それでよいのです。その人の人生ですから、その人が選べばよいのです。申し込む人は、背中を押したタイミングで自分でそれを決めるので、キャンセルやクレームになることはほぼありません。

　具体的なやり方は、簡単です。『期間限定募集』『期間限定特典』『期間限定割引』『先着○名様限定』『○月○日より値上げ』などオファーを出すだけです。「今ならお得」「今じゃないと損する」「今がその時」「今しかない」と思って頂くのです。

　なお、値上げや割引はあまり頻繁にやらないことが注意点です。値上げは、正当な理由があってする分には問題ありませんが、このテクニックを使いたいがためにやると結果的に信用を失うことになり兼ねません。割引も同じです。毎月のようにやっていては、「また来月もある」と思われて効果が薄くなるばかりか、「いつでもその金額で受けられる」と思われればサービスの質が低く見られることにも繋がります。

　定期的に背中を押すやり方の1つとしては、鑑定の募集期間と人数、または鑑定日を限定しておくことです。そうすると、その機会を逃せばまた来月まで申し込むことができませんし、人数または鑑定日は先着で埋まっていきますので、迷っている人はそのタイミングで真剣に検討し、判断してくれるでしょう。

# 第5章

# 潜在意識を
# 味方につける

# 潜在意識の影響力は大きい

## ❖ 顕在意識は海に浮かぶ氷山の一角

『潜在意識』という言葉はすでに有名なのでご存知かもしれませんが、大事なことなので改めてここで再認識して頂きたいと思います。

人の意識は『顕在意識』と『潜在意識』に分かれます。顕在意識とは、自分が認識できている意識のことで、「占いを仕事にする」「ブログを書く」「経営技術を学ぶ」などが該当します。潜在意識とは、自分では普段認識していない意識のことで、「歩くときに左右の足を交互に前に出す」「興味がある話を聞くときに前かがみになる」「モノをもらうことに遠慮してしまう」など、無意識で行っていることはすべて該当します。知らないうちに構築されてきた自分の価値観・習慣・思い込み・判断基準も、すべて潜在意識の領域です。

顕在意識はよく海に浮かぶ氷山の一角に例えられ、顕在意識は3〜10％、潜在意識は90〜97％と言われています。あなたが占いで月10万円を稼ぎたいと思っていても、それを人に言いづらかったり自分が稼ぐことは無理だと限界を決めているのなら、それは潜在意識がそうさせているのです。

また、稼ぐことを妨げるような事象を引き起こすのも潜在意識の力です。その状態では占いを生業にすることはできません。僕の事例では、ビジネスパートナーとして最適だと思っていた相方と、最終的にトラブルとなって縁を切ることになりました。「お互いにメリットがある」とか「ビジョンが一緒」というような表面的な部分での判断は顕在意識の領域だったので、それとは違うことを求めていた潜在意識が「そっちじゃないよ、こっちだよ」と、軌道修正をかけたのです。ここで言いたいのは、顕在意識より潜在意識のほうが、圧倒的に力が大きいので、無視はできないということです。

### ❖ 『本心』と『前提』

　これまで第1章〜第4章まで、具体的な技術をお伝えしてきましたが、それは顕在意識の領域であり3〜10%の力しかありませんから、即効性や効果はあっても、それを継続的かつ最大限に発揮していくためには潜在意識を味方につける必要があります。潜在意識の領域のうち、事業活動において大きく影響するのは『本心』と『前提』です。

　本心とは、本当に心底思っていることですが、目指しているゴールが本心とずれていたりそこまで強く思えていなかったりすると、潜在意識はそこに向かって働きません。逆に、「現状を維持したい」という潜在意識の特性もありますから、潜在意識を書き換えなければ現状に引き戻されてしまいます。

　目標が毎月10万円なのであれば、なぜそれが必要なのか、本当に欲しいのか？　5万円でも20万円でもなく、今は10万円を目指したいのか、ということですね。「私はこのために、本っ当に毎月10万円を稼ぎたい！」と心底思えるなら、潜在意識はそこに向いてくれるでしょう。また、前向きであれば「もっと成長したい」「もっと貢献をしていきたい」という潜在意識もありますから、そのための事象にも恵まれるでしょう。

　前提とは、当たり前に思っている思い込みのことです。「お金は苦労して稼ぐものだ」いう前提があれば、お金は苦労して稼ぐことしかできません。逆に、「お金は楽しみながら楽に稼ぐことができ、それによってみんながどんどん幸せになる」という前提ならば、そうなっていきます。そんなの無理だと思いますか？　もしそう思うなら、それはあなたの前提が「そんなの無

理」に設定されているからです。

　人は望んだところまでしか行くことができません。今はその道筋・やり方が分からなくても、望んでいればその道が開かれていきます。ただ、思ったことが現実になるのではなく、当たり前に思っていることが現実になっていくのです。ですから、まずはこの『前提』を変えていきましょう。

『前提』には様々なものがありますが、事業を飛躍させていくうえで大きく影響するのは、『お金』と『自己価値』に対する思い込みです。これらは『お金のメンタルブロック』『セルフイメージの低さ』という、多くの日本人にとって成功の妨げになっている二大要因とも言えるでしょう。これらの課題が大きいと絶対に幸せな成功者にはなれませんから、その2つをこれから本書で解消していきたいと思います。

# お金のメンタルブロックを外す

　お金のメンタルブロックと一言に言っても、それには種類があります。占い鑑定などの無形のサービスを提供してお金を頂くことにブロックがあるのか、万単位になるとお金をもらえないのか、そもそも何かをもらうことに抵抗があるのか、または自分が提供してお金をもらうことに抵抗があるのか、などです。

　お金を頂くすべてのことにブロックがあるということはありません。労働の対価として当たり前のようにお給料をもらったことはあるでしょうし、子供の頃は何もしていなくても喜んでお小遣いやお年玉をもらっていたのではないでしょうか。いつから、どんなことに抵抗を感じるようになったのでしょうか。それは、世の中に溢れているメディアの情報や、親や友人の価値観、過去の経験などによって、いつの間にかネガティブな情報が潜在意識に刷り込まれてしまっているのです。

　お金を頂くブロックを解消するのは簡単です。僕の経験上、お金のメンタルブロックは、捉え方を変えるだけで外れていきます。ここでは、事業をやるうえで妨げになる、ありがちなメンタルブロックを幾つか紹介し、お金に対する誤解を解いていきたいと思います。

1．お金持ちに対するイメージが悪い

　まず、お金は紙や硬貨、数字やデータであり、人に害を及ぼすものでもないので、それ自体に良い・悪いはありません。悪いのは、人を不幸にする稼ぎ方なのです。強盗や泥棒、詐欺は悪いことですよね。悪さをしてお金を得る印象が残っていれば、悪いイメージがついてしまうのも無理はありません。実際、お金をたくさん得られる人とは、"社会に大きく貢献した人"ではなく、"お金を得ることに罪悪感がない人"なのです。

　ただ、イメージが悪いのは、ニュースや映画などの影響が大きいのです。また、過去に「本当に貢献心があって誰かを助けたいと思うなら、それで儲けようとするのは間違いだ」というような文章を読んだり人に言われたりしたことが心に染み込んでいるケースも少なくありません。

　どこかでお金を稼ぐのは悪代官のような人というイメージがあるのではないでしょうか。彼らの結末を見ても分かるように、悪いことをして稼ぐ人は、一時的にはお金は得られますが、幸せになることはできません。相手を依存させたり脅したり不安にさせて高額な壺を売ったりする占い師や霊能者も、不幸になる人が多いのです。あなたはそういうことをするわけではありませんよね？　それならお金を悪く思う必要などないのです。

　そもそもお金とは何でしょうか？　現代社会では、お金は価値と価値を交換するための道具として使われており、そのやり取りによって日常が成り立っています。野菜を近所で得るのも電車やタクシーで遠くに早く行くにも、消費者はお金を払い、提供者はもらいます。これは当たり前のことです。

　お金があるおかげで、私たちは多くのモノをお金と交換して手に入れるこ

とができます。魚1匹、お金と交換してもらえなければ、自分で釣り具を作って、1日かけて獲りに行かなくてはなりません。服もお米も容易には得られません。お金を支払うことによって、物やサービスと交換されて、何かの豊かさを手に入れることができます。

　一方でお金を支払ってもらった相手は、そのお金をまた何かの豊かさと交換することができますから、本人だけでなく家族や友人なども更に豊かにできるようになります。苦しんでいる人がいれば、助けることもできます。お金は感謝や愛のエネルギーであり、身も心も豊かにするための素晴らしいものなのです。真っ当な事業家やお金持ちは、人を豊かにしている度合いも大きいのです。

## 2. 修行中だからお金をもらえない

　モニター鑑定をある程度こなしたら、徐々に鑑定料を上げていくことを第2章でオススメしました。経験を積むほど、鑑定のクオリティが高まって相手に喜ばれるので、お金を頂くのは普通のことです。

　そもそも、どこまでが『修行中』で、どこからが『プロ』なのでしょうか？　鑑定料金を正規料金にできたらプロなのでしょうか？　カンニングをせずにスラスラと鑑定ができたら修行は終わりなのでしょうか？　どちらも違いますよね。無料鑑定であっても、自分がプロ意識を持ったら、あなたはその時点でプロなのです。

　修行中でもお金は頂いてよいですし、更なる修行のためにお金を頂かなければなりません。お金を頂きながら鑑定したほうが、より多くの大事なことを学んでいけるからです。

　よく「知識が完璧に頭に入っていないから」という理由で自信を持てない人もいますが、相手はあなたの完璧な知識を求めているわけではありません。相手を喜ばせることができたなら、相手はそれを求めていたのです。それがその鑑定の価値であり、お金と価値交換される要素です。あなたが修行中かどうかということは、それとは関係がないのです。

　世の中にはそもそも完璧な商品・サービスなど存在しません。20年前のパソコンや携帯電話を想像してみてください。今のクオリティを100とする

ならば、当時のそれは10程度ではないでしょうか？　メーカーはその時からそれなりの金額で販売しています。今も完璧ではありません。その証拠に、より優れた良い商品・サービスが次々に生まれています。現時点で最善を尽くして人を喜ばせたり役に立ったりすれば、それでよいのです。

3．事業で稼ぐことに対する抵抗がある

　事業は、すべての日本人にとって、生活に深く関係しています。なぜなら、お金をモノと交換している時点で、事業者と消費者のやり取りだからです。スーパーで野菜を買う場合も、相手は小売業という事業をしていますし、どこかに雇用されて働く場合も、その会社の事業の一員として関わっているということですよね。

　『道徳なき経済は犯罪であり、経済なき道徳は寝言である』。これは二宮尊徳の言葉ですが、まさにその通りです。道徳から外れた稼ぎ方は悪いことですが、逆に、どれだけ立派なことを言っていても稼がなければ大した貢献などできないのです。

　自分も他人も守りたい人も、豊かにすることはできません。特にこれからの時代は、経済を回すことが重要テーマとなるでしょう。2024年からの壱萬円札が渋沢栄一に決定したことも、それを象徴しています。

　稼ぐ人ほど、社会貢献ができるのです。なぜなら、そのお金でより良いものやサービスを作ったり、多くの必要とする人にPRしたりすることができるからです。また、事業を継続することで安心感やお客様のフォローもできますし、他の人にお金を支払って潤すことや、多額の寄付をすることもできます。更には自分自身の学びを深めたり、健康やコンディションを整えたりして、より長くより大きく人の役に立つこともできます。成長度合いと貢献度合いを高めて誰かに憧れるようになったら、人の夢になることもできます。

　事業をやるうえで最も大事なことは高い志ですが、利益を上げることもその中に含まれています。お金は自分の欲を満たすためだけではなく、相手をより幸せにするために頂くのです。逆に、稼がない人は、自分の生活で精一杯になるため、大きく人を喜ばせることはできません。使える時間もお金も少ないので、大したボランティアもできません。

　そのようなお金に関する美学を自分の中に打ち立て、揺るがない軸にすることです。もしかしたら周りには、批判的な意見の人もいるかもしれませんが、誰に何と言われようが関係ありません。自分の事業のやり方やお金との付き合い方について、他人の意見を気にする必要はないですし、元より誰にも批判されないのは不可能です。マザー・テレサのことを悪く言う人もいるのですから。

「私はこのために、これだけのお金をもらって、これをやっている」「お客様と深く長く付き合って生涯の幸せをサポートする」などと、自分の信念を明確にして、通すのみです。相手を幸せにする覚悟を持ちましょう。『世の人は、我をなんとも言わば言え。我が為すことは、我のみぞ知る』。これは坂本龍馬の言葉です。


4．鑑定の対価としてお金を頂くことに抵抗がある

　すでにお伝えしたように、お金は価値と価値との交換です。鑑定のクオリティや貢献度合い・相場などによって、ある程度の適正価格というものがあります。占いを学んだ通りにやるなら、そこにはすでに価値が生まれていますから、お金を頂いたほうがよいのです。すでにある程度喜ばれているのなら尚更のことです。

僕がよくお弟子さんに言うのは、「自分の一生変わらない強みや資質など
を教えてもらって、その時の録画・録音や解説書で一生涯振り返ることがで
きる鑑定に、どれだけの価値があると思いますか？」ということです。価値
としては10万円くらいはあると思いますが、それを総合的に判断すると1.5
〜3万円くらいが適正価格なんじゃないかと思うのです。

　サービスの質に見合ったお金を頂かないことは、相手にとってもよくあり
ません。なぜなら人は、支払った金額の分だけ価値があると思うからです。
起業初期のモニター練習中なら無料や安価でもよいのですが、いつまでも安
価でやることは、「私の鑑定（占い）には大して価値がない」「サービスの質
は保証しない」と言っているようなものです。

　また、お金を稼がないとお客様フォローもあまりできませんので、無料や
安価で鑑定活動を続けることは、自分の体裁だけを考えた自己中で無責任な
行為とも言えるでしょう。鑑定をするということは、お金よりも大事なお互
いの時間を使っているわけですから、双方にとって価値のある時間にし、そ
のために適正な対価を頂くべきなのです。

　あなたがまだ有料で鑑定をしていないなら、それは苦しんでいる人を救っ
ていないことに等しいのです。対価を頂いたからといって、鑑定の結果に対
して過度に責任を感じることはありません。八百屋がピーマンを売るのと一
緒で、それをどう調理するのかは相手の自己責任です。腐っていないピーマ
ンを、より良い状態で売るように努めれば、それだけでオッケーなのです。

　あなたの人生は唯一無二ですからあなたにしか救えない人もいます。稼が
ないことは、社会貢献を諦めることです。一刻も早く適正価格で鑑定活動を
行ってください。


5．相手にお金を払わせるのが申し訳ない

　もしかすると、「相手がお金を使うことによって、苦しくなるんじゃない
か」などと思っていませんでしょうか？　相手が経済的に苦しい状況だと
言っていても、すぐに無料にしてあげたり安くしてあげたりすることを考え
てはいけません。なぜなら、それはお互いにとって良くない結果を生むから
です。

まず知っておいていただきたいのは、相手が自分にお金を払おうが払うまいが、相手の金銭状況は変わらない、という事実です。なぜなら、あなたの鑑定にお金を使わなくても、相手は別のことにお金を使うからです。実際、人はいつも誰かにお金を払っています。それが、個人か会社か国かお店かなどの違いはありますが、お金を払うことによって安全な生活を求めたり欲求を満たしたりしているのです。

そういや、いつもレジに
お菓子とか買っちゃうかも…

　どうせなら、そのお金を少しでも未来が明るくなるような価値あるものに使って頂いたほうがよいのではないでしょうか？　そうでなければ、相手は一時的な快楽やストレス発散などのしょうもないことにお金を使うのです。あなたの鑑定に自己投資させてあげなければ、相手の状況は悪化すると言ってもよいでしょう。

　そこまでお金がない人など、滅多にいません。債務整理や自己破産をする直前の人は本当に金銭的に苦しいかもしれませんが、そうでなければ、大概、お金はあるのです。「お金がない」と言っている人に限って、無駄遣いしているのです。本当に必要となれば現金を用意できるのです。

　「あなたのサービスに払うお金はなくても、他のことに使うお金はある」と思われていたらどうでしょうか？　実際、鑑定を値切ってきた人が、他の人の鑑定に何万円も払っていたということもあります。そんなことがあったら、何やらモヤモヤしませんか？

　占いを仕事にする人のミッションは、人を幸せにすることです。人は自分の未来に対して、勇気を出して先行投資しなければ、更なる幸せを手に入れることはできませんから、必要な人からしっかり対価を頂いてしっかり鑑定

を提供することが仕事なのです。あなたがどれだけ相手の役に立つ鑑定をしても対価を頂かなければ、相手は価値を感じないので活かすことができません。状況も好転させることができず、「やっぱり自分はダメなんだ」と人生を諦めてしまう可能性さえありますから、それは『罪な行為』だとここでは言っておきましょう。

　それに、「お金を払うと相手は苦しくなる」と思うのは、相手に対してとても失礼な考え方です。「相手は自分のことを幸せにできない人だ」とダメ人間のように見ていることに等しいからです。相手の未来が幸せになることを信頼できていないのです。

　そういう見方をするほど相手は更にそうなっていきますから、ここでその発想を変えておきましょう。人は誰でも、前向きなことにお金を使うことによって、どんどん豊かになっていけるのです。


6．つい値引いてしまう

　商品・サービス代金を値引いたり無償で提供したりすることを、相手を思うこと・歩み寄ること・真摯な対応・貢献・思いやりや優しさ・努力・相手の立場を考えること・いいこと・喜ばれること、と思いますか？　それはある意味、普通の感覚であるとは思います。

　しかしそれは、言ってみればボランティア精神です。基本的にボランティアはYOSHIKIのようなお金持ちがドカッとやるか、大震災の時のように大勢がお金や時間を少しずつ出しあってこそ、大きな貢献になるものです。一個人が無料や安価で提供しても、潰れる運命にあります。提供したサービスに責任を持ち、大きく貢献するためには、事業として売上を上げなければならないのです。

　また、前項と同様、値引きは相手を小さく扱うことですから、よくありません。仮に相手に300万円の借金があったとしても、その程度なら心を鬼にして、適正価格で提供してあげることです。価値を正しく受け取って頂くためには、対等に取引すべきですし、学びに変えてほしければ安くしてはいけないのです。「あなたならやれるよ！」そんな意味も込めて、相手に投資させてあげましょう。自己投資した金額の分だけ、その人の自信にもなります。

もちろん、質が伴わない（お客様が満足しない）サービスは論外ですので、サービスの質を高めることを怠ってはいけません。サービスの価値をどこまでも高めるよう努めましょう。個人的には、自分が思う価値の半額以下で、ストレスにならないくらいがちょうど良い金額設定だと感じています。例えば３万円の価値の鑑定を1.5万円で提供するイメージです。そして実際は、頂いた金額の10倍返しくらいを心がけることです。

　定価の鑑定料は、自分がベストだと思った適正価格ですから、それを安易に値引かないことです。その価値を伝える工夫は必要ですが、その価値を感じられない人はお客様ではないのです。「どうしても今、現金がない」と言われたら、クレジット払いか、交換条件を提案したり、一部のみの提供にしたりするとよいでしょう。ただの値引きはよくありません。後払いも、払わない人もいるので避けたいですね。

　なお、金額は自分で決めることです。相手に決めてもらうものではありません。なぜなら、相手の一番の望みは、「ただで全部やってほしい」ということですから、安い値段を言われるのがオチです。そして相手はその金額分しか価値を受け取りません。

　友だちは無料や安価でやってあげたいという場合は、それくらいならよいと思いますが、それはこちらが「この人なら」と思って決める場合のみです。というのは、中には向こうから「友達価格でやって」と言ってくる人もいるのです。ハッキリ申し上げると、その人は友達ではありません。本当の友達なら、応援の意味も込めて定価で受けてくれるものです。「友達価格で」と言う人は友達ではなく、ただ安くやってほしいだけの人です。定価で嫌ならば丁重にお断りしてもよいでしょう。

## 7．値段を上げると、値上げ後にやった人に悪い気がする

「安くやってあげた人もいるのに、高く払う人がかわいそう」「Aさんは3000円だったのに私は5000円なの？　と思われるんじゃないか」「平等じゃない」という声も聞いたことがあります。これらに関しても一切気にする必要はありません。実践をこなしてレベルアップしていけば、価値が高まり金額も上がるのは当たり前のことです。

その時々の適正価格で鑑定してあげるほうが平等ですし、大きなお金を払ったほうが価値を感じて未来を変えていくことができます。それに他の人がいくらでやっていたかなど、ほとんどの人は気にしないものです。もし、とやかく言ってくる人がいても、「嫌なら鑑定を受けなければよい」というだけの話です。あなたはもう次のステージに行っているのですから、「今の私の鑑定は5000円なの」と堂々としていましょう。

## 8．値段を上げたらお客様が来ないと思ってしまう

サービスの質に応じたその時々の適正価格があるということはすでにお話しましたが、それでも「値段を上げたらお客様が来なくなるんじゃないか」と思いますよね？　これは自然な考え方だと思いますし、間違っていません。でも、それでいいのです。

ステージの話を追ってお伝えしますが、人には状態ごとの段階があります。最初は『依存』が象徴のステージなのですが、このステージの人は、「無料だから」「安いから」などの理由で物を買います。そして世の中に最も多い客層でもあります。そのため、値段を上げてステージが上がったら、お客様の数が減るのは当たり前のことです。ただ、そのステージのお客様を相手にするのはかなり大変です。疲れるだけで大した売上にもなりません。ですから、数を減らしてでもステージを上げて、より良いお客様を相手にし、時給単価も上げていく必要があります。雇われではないのですから、1時間1万円くらいには高めたいところです。

ステージを上げると客層はどうなるかという話をもう少しだけしておきます。『依存』の次のステージは『自立』です。このステージの人は前向きで、未来のためなら高くてもクレジットや分割などで投資をします。最低限、こ

のステージの人たちを相手にすることですね。

　そして実は、更に上のステージに行くと、その人たちのものを買う理由は「高いから買う」「あなたが言うなら買う」に変わっていきます。よく「富裕層を相手にするとビジネスは簡単になる」と言われます。その理由は、富裕層ほど心にも余裕があるので、もてなしてくれてお金を沢山払ってくれて紹介までしてくれるからです。多くの依存状態の人を安い料金で相手にするよりも、鑑定の質とステージを上げて、自分がやりやすい人を相手にしたほうがよいですよね。

　値段を上げてもお客様に選んで頂くためには、自分のステージを上げることが基本ですが、まずは見せ方にこだわることをしておきましょう。具体的には、第2章でお伝えした鑑定案内ページの申込み率を高めることです。それに加えて、オンラインでもオフラインでもよいですから、信用を築いていくことです。お客様の数は減っても、少ない時間で多くのお金を頂けるなら、そのほうがよいのではないでしょうか？

　極端な例で言えば、会社相手であれば鑑定1回10万円が相場ですから、月1回1社を鑑定すれば月10万円の売上が確保できます。お客様が減るのは、恐れることではありません。高くても選んで頂けるように工夫していけばよいだけのことです。

9．その他のメンタルブロックがある

　他にも、事業の妨げになるお金のメンタルブロックは人それぞれあります。ここで押さえておきたいのは、人は「自分の価値観が普通であり、周りの多

くの人も同じだ」と思いがちですが、そんなことはないということです。あなたが思うことは、あなたの過去の経験などによって潜在意識が思わせていることであって、他の人もそうは思っているとは限らないのです。あなたが勝手にブロックを感じているだけだということを、まず認めましょう。

　お金のメンタルブロックを外していくには、次の３ステップだけです。


①どんなことにブロックや抵抗があるのかを明確にする
②なぜブロック・抵抗があるのかを考えてみる
③そう思っているのは自分だけだと認め、捉え方を変える


　例えば、①「高額に金額設定をしている人を、ガメツイと思ってしまう」というブロックがあったとします。②なぜそういう人に対してガメツイと思ってしまうのでしょうか？　人のことよりも自分のことを考えているからでしょうか？　欲望深いと思うからでしょうか？　では、その要素がない人が高額な金額設定をしていたらどうでしょうか？　または、過去に苦手だった人がガメツイ人だっただけではないでしょうか？　逆に、高額で嫌な感じがしないものは何でしょうか？　家や車、結婚式や葬儀、絵画や着物、寝具など、世の中に高額なものはたくさんありますが、すべてをガメツイと思うのでしょうか？　ガメツイと思う対象と思わない対象の違いは何でしょうか？　そのような問いで、分析してみましょう。

　③高額な金額設定にしている人は、みんなガメツイのでしょうか？　中にはガメツイ人もいるかもしれませんが、少なくとも僕の周りにそういう人はいません。逆に「何でガメツイと思うの？」と不思議にさえ思ってしまいます。お金は出口（何に使うか）が大事だという人もいますが、僕は入口も出口も両方大事だと思っています。

　ガメツイのが嫌なのはなぜでしょうか？　相手が喜び、その価値を感じるなら、高額でも問題ないのではないでしょうか？

　近江商人の精神に「三方よし」という言葉がありますが、自分も相手も世の中にとっても良くなるのなら、高額でも問題ないのです。個人的には、相手が喜んだとしてもサービスの質に見合わない価格設定はどうかと思います

が、価値の高いものを追求し、そのぶん高額になるのは、自然なことではないでしょうか。

もう1つ、例を出しましょう。①「他の鑑定師の鑑定料と比べてしまう」という傾向があったとします。②なぜ、比べてしまうのでしょうか？　それが相場だから？　他より高くして申込みがないと困るから？　それじゃあ、相場に合わせる必要があるのでしょうか？　他より高いと、申込みがこないのでしょうか？　安い料金でやることに、あなた自身は納得しているのでしょうか？　このように、気になったことがあれば、どんどん深掘りして自問自答して構いません。

この例の場合、「人と比べることに意味はない」という結論が出るとよいでしょう。なぜなら、人はみな、違うからです。他の人と比べるという発想は不要なのです。確かに、世間の相場というものはありますし、そこを参考にするのは良いことです。ただ、相場の料金でやるということは、普通のサービスを提供するということです。普通とは、多く人がやっているのと同じということです。

③起業家は、サービスの質をより高め、より稼いでいくというのが普通です。高額でも売れている人はたくさんいるのです。比べるなら、無名でも高い料金でやっている人と比べましょう。あなたは自分スタイルを確立し、普通を越えてどんどんステージアップしていくのですから、鑑定料も高くなって当然です。

ついでにお伝えしておくと、年数や実績などが、他の同業者より低いからといって、それより値段を下げる必要はありません。繰り返しになりますが、それはあくまで相手がやっていることであって、あなたではないのです。あなたとお客様の双方が納得すれば、他の人より高くてもよいのです。お客様は、他の人にはない『あなたの魅力』に価値を感じるのですから。

# セルフイメージを高める

### ❖根拠のない自分への自信を持つ
事業を繁栄させるうえで、お金のメンタルブロックと同じくらい非常に重

要なことは、セルフイメージです。セルフイメージとは、自分に価値があると思っているのか、そんなに価値がないと思っているのか、自分のことをどんな人だと思っているのか、という自分のイメージのことです。

　それによって潜在意識にネガティブな情報が入ったり、自信を持てなかったりすると、事業も上手くいくはずがありません。人は、ダメな人間や自信がない人に、お金を払って何かをお願いしようとは思わないからです。これは、あなたがそういう人間だということではなく、あなたが自分のことをそういう人間だと思い込んでいるなら、そこを変えましょうという話です。

　もちろん、事業を始めたばかりの時は、自信などなくて当然です。でもそれは、サービスの質の話であって、あなたは根拠なく自分に自信を持つことができるのです。根拠のある自信は、根拠が崩れるとなくなりますから、根拠はなくてよいのです。根拠のない自分への自信をできるだけ持ち、サービスに対しての自信がないままやるのです。

　未知の領域に踏み込むのですから、不安もあって当たり前です。不安だからやらないのではなく、不安と共に進むのです。

　現時点で、あなたが自分のことをどう思っていようが、あなたには価値があります。その理由である揺るがない根拠をお伝えしましょう。

　あなたが「オギャー！」とこの世に生まれた瞬間から、いや、もっと前からあなたは必要とされています。親にどう思われていようが、必要のないものはこの世に存在しません。愛によって生まれてきているあなたは、愛を持ち合わせており、それだけでも無条件で計り知れない価値があるのです。

　そして今まで生きてきて、その価値はどんどん増えてきています。これまでに成し遂げたこと、手に入れたこと、続けてきたこと、辛い思いをしたこと、人間関係を壊したこと、何もできなかったこと、無駄に過ごした時間、悩み続けた日々等々、すべてが『積み重ねられた経験』として、価値として加算されているのです。

　今まであなたが勉強してきたことや経験してきたことは、相当な時間やお金を投資し、命を燃やしてきた"非常に価値の高いもの"です。人に喜ばれたことはたくさんありますよね？　「ありがとう」と言われたこともたくさんありますよね？　何かの成果を出したことも数えきれないくらいあります

よね？

　もしあなたが、これまで大して人に喜ばれてこなかったと思っていても、ずっとしがない主婦やOLだったと思っていても、それは自分が認識していないだけです。多くの生きる経験を重ね、出会う人・ただあなたのことを知る人に、少なからず良い影響を与え続けているのです。それでも自分には価値がないというのは、過去の自分に対して失礼です。

　今、何かを頑張っていても、頑張れずに何もやれていなくても、あなたのオリジナルの価値がすでに大きいということを認識しましょう。誰もがこの世に生まれた時から世界に1つだけの花であり、月日とともにあなたは素敵になっているのです。無条件で自分に価値を感じないのなら、親にも失礼です。

# セルフイメージを高める方法

### ❖前提が現実になる

　人生を変えていくためにとても重要なことをお教えしましょう。よく聞くような言葉なので軽視しがちですが、非常に効果がある凄い秘訣です。それは、『人生は、思い込んだ通り、期待した通りになっていく』ということで

す。潜在意識の章でも少し触れましたが、ただ思っただけでは効果はあまり見込めません。「当たり前」と思えるような『前提』にしていく必要があるのです。それが潜在意識に定着することになり、現実がそのようになっていきます。実際、これを教えた保険のセールスウーマンは、しばらく会わないうちに業界の最高水準であるMDRTになっていました。

　では、どうやって前提にしていくのかと言うと、「私は○○な人である」ということを何度も自分に信じ込ませるように言うことです。まず、前提にしたいことを紙に書いてみましょう。

　今、そうでない現状があったとしても、現在進行形で言うことです。なぜなら「〜になる」と未来系で言うと、今はそうでないという前提になってしまうからです。よく「幸せになりたい！」という言葉を聞きますが、それは「今は幸せではない」という前提になっているので、いつまでも幸せになることはできません。一生「幸せになりたい」と言い続けることになるでしょう。

　最初は「私は○○な人である」を信じられなくても、何度も言うことで、やがて現実的にその断片のような出来事が起こって、「私は○○な人なのかも」と思えるようになります。何度かそのような出来事を経験すると、「私はきっと○○な人だ」と、『かも』から『きっと』にグレードアップします。そうして、最後には『間違いない。私は○○な人だ』と思えるようになり、それはやがて「言うまでもない。○○なのは当たり前でしょ」となるのです。

　なお、前提を書くときは、それを裏付けるような出来事・事象があれば、それも書いておきましょう。そうすることで、より自分を納得させることができます。それから、あまり「私は○○な人なんだー‼」と無理に言い聞かせようとしないことです。なぜなら、それは「私は○○な人ではない」という前提が故の行為になるからです。『かも』⇒『きっと』⇒『そうであるはず』⇒『間違いない』⇒『当たり前』などと少しずつ自分に思い込ませるようにしましょう。

　ここで役に立つ１つは、四柱推命をはじめとした命術（『命』の種類の占い）です。持って生まれた自分の資質や強みなどが分かりますので、参考にするとよいでしょう。

実際、鑑定をしていると「自信がつきました」という声はとても多いです。生年月日で観る占いは、生まれた時から一生持ち続けるエネルギーがどんなものなのかが分かりますから、それで観ることで「私は○○な人なのかも」と思えるようになるのです。

　その際、間違っても、ネガティブなことを信じてはいけません。昔は凶と言われていたことが今はそうでもなかったり、観方を変えると凶も吉になるのです。真の占いに吉凶はありません。なぜなら、占いの役割は人を幸せにすること・運勢を好転させていくことですから、捉え方や生き方によってどんな災難も更なる幸福に変えられるからです。

　命術の占いで出た結果も、自分が前提にしたいと思って書いた項目も、すべて潜在意識に入れていくことができます。そして、潜在意識に入った前提は、現実になっていきます。例えば、「仕事は多くの時間を費やしてやるものだ」という前提があれば、いつも忙しく仕事をすることになります。「仕事は楽で楽しくて、少ない時間でストレスなくできる」という前提があれば、そのような仕事のスタイルになっていきます。

　よく、『思考は現実化する』と言いますが、思っただけでは現実になりません。思ったことを当たり前にできると信じて考えて行動に移すことで現実になっていくのです。空想が現実になるのではなく、前提が現実になっていくのです。多くの人は知らないうちに、幸せになるには不利な前提が設定されています。ぜひ、自分の前提を、都合よくどんどん変えていきましょう。

## セルフイメージを高める前提例

　ここで、前提を出しやすいように、例をご紹介しましょう。前提は、自分で考えなくても、ここでの例や他人の前提を参考にして、自分の前提にしてもよいのです。どうぞ取り入れたいものをマネしたり、新たに作ったりして、本書の134ページか自分のノートに、前提にしたいことを書いていきましょう。せっかくなので、セルフイメージだけでなく、仕事・プライベート・起こる事象など、様々なことについての前提を書いてみましょう。なお、（　）内は、前提を裏付ける理由です。過去を振り返ることでも、前提や理由が浮

かんでくるでしょう。

《セルフイメージ》
・私は自分が大好き（○○な性格だし○○もできる）
・私の気分はいつも最高
・私は強運である（なんだかんだで状況はどんどん良くなっている）
・私は、強い生命力・精神力の持ち主である
・私は良妻賢母タイプで、夫と助け合いながら生涯幸せに生きていける
・私は魅力的で、深く愛される女性である
・私は、いつも自然体で、そのままでみんなに愛されている
・私は、優しく、優れた性格である（四柱推命でそう出ている）
・私は愛を根源とし、いつも人に喜ばれている

《人間関係》
・私は、人の個性をそのまま受け入れられる
・私は、人前では友好的で、明るく楽しい人である
・私はすべての人に好かれていて、尊敬もされている
・パートナーとの関係は非常に良好である
・私は、みんなの気持ちを理解できる人である
・私は、人にすごく恵まれている（出会いによって人生が飛躍している）
・私は、周りの人を明るく元気にできる
・私はどんな状況でも、仲間と楽しく仕事ができる
・私は、柔軟な世渡り上手で、仲間と楽しく仕事をして大きな成果を出すことができる

《能力》
・私は、誰よりも優れた四柱推命鑑定師であり、スターである
・私は、思ったことを計画通りに達成できる天才である
・私は、誰よりも仕事ができるカリスマである
・私は、行動と振り返りのサイクルを回し、高い成功率で物事を進めている

- 私は段取りのプロで、仕事ができるカリスマである
- 私は状況判断・観察・分析のプロである
- 私は、リーダーとして有能である（これまでも目標を達成してきた）
- 私はコミュニケーション能力に優れたムードメーカー
- 私には最高の場を作る調整能力も備わっている
- 私は状況判断に優れていて、どんな仕事も柔軟に上手く進められる
- 私は業界においてのプロである（既に多くの人に喜ばれている）
- 私は、優れた直感力を充分に人生に活かしている
- 私は情報を繋いでオリジナルの価値を生んでいる
- 私は価値ある知識を持っており、みんながそれを求めている
- 私は無意識で、とても質が高いものを提供している
- 私は、夢・ビジョンを描くのが得意である
- 私は、どんな夢も着実に叶えていける人である
- 私は、相手に合わせた最適な提案をすることができる

《出来事・状況》
- 自分にはありがたいことばかりが起きている。
  （どんどん状況も良くなっているし、ステージが上がり続けている）
- すべてが上手くいっている（実際、全てが糧になっている）
- 現実はいつも想像以上（今も想像できなかった状態になっている）
- 私は、幸せな家庭と充実した仕事・お金に恵まれている
- 今が幸せ、これからはもっと幸せ
- お金が増えるほど時間も増える（プロの力も借りられる）

《貢献とお金》
- 月収10万円は当たり前、20万円も難しくない
- 普段から人を幸せにし、多くの見返りを得ている
- 誰もが自分自身のことを知りたいと思っていて、私を頼ってくる
- サービスの説明をしなくても良さは伝わる
- 四柱推命を知っている人は誰もが学びたいと思っている

- 私は1人当たり100万円の価値を与えている
- 私は困っている人を助け、世の中を救っていく役割があり、その資質・能力がある
- お金は使うほどどんどん入ってくるようになる
  （生産性が上がる／何かを得て気分が良くなる／相手も喜んでお金の流れができる）
- お金はいつでも入ってくるし流れてくる
- サービスを提供した後も、必ず何かの役には立てる
- 仕事は楽で楽しい、そして有り難いものである
  （資質を活かしているため苦労なく報酬を頂けているし、人の役に立つことが幸せ）
- 貯金は上限なくどんどん増える（貢献度合いは上がり続けている）
- 私は好きなことをやって、人やお金に恵まれている
- 今、すでに高い基準で安定している（信用も経営能力も増え続けている）
- すべての人は人生が変わるチャンスを求めている

ハッピーな気持ちになれる
前提魔法を
たくさんかけちゃおう♪

# 私 の 前 提

- 
- 
- 
- 
- 
- 
- 
- 
- 
- 
- 
- 
- 
-

## 第6章

# 集合意識を
# 味方につける

# 集合意識とは何か

## ❖すべての人は、見えないところで繋がっている

　前章で、顕在意識は3〜10%、潜在意識は90〜97%とお伝えしました。個人の能力を発揮するという意味では潜在意識が重要なのですが、実は、その潜在意識よりも集合意識のほうが圧倒的に力が強いのです。

　潜在意識が"個人の無意識"であるのに対して、集合意識とは"全体の無意識"のことです。すべての人は、見えないところで繋がっています。人だけではなく、この本も、目の前にあるテーブルも、草木も、微生物も、天も神様も、ご先祖様も霊界も、すべて繋がっているのです。

　個人の意識を氷山だとすると、集合意識は氷山を浮かべている海に例えられます。情報量で表すと、顕在意識は10〜20bit、潜在意識は1,100万bit、集合意識は70億bitだそうです。それだけ集合意識というのは影響力が強いのです。集合意識が良く働くか悪く働くかによって、天と地ほどの差が出ます。個人でいくら頑張ってもどうにもならないことや、逆に何もしなくても良い流れに運ばれていくのは、集合意識が原因かもしれません。

見えない力を今ひとつ信じられないという方のために、事例を1つ紹介しておきましょう。平安時代の有名な話です。藤原時平は菅原道真を陥れるべく天皇に嘘を伝え、道真は当時何もなかった大宰府に左遷されてしまいました。そこから藤原家に災難が相次いだのです。

　道真の死から3年後、藤原定国が謎の死を遂げました。その2年後、藤原菅根が雷に打たれて亡くなりました。その翌年に藤原時平が突然死します。その後も醍醐天皇と藤原穏子の息子の皇太子が21歳で亡くなり、その後継ぎとして皇太子となったその息子もわずか5歳で亡くなりました。また、道真の後任となった源光もタカ狩りの最中に泥沼に落ちたまま行方不明になる事故もありました。

　更にとどめを刺すように、干ばつ対策で雨ごいの会議をしていた最中に平安京の清涼殿に落雷があり、大納言の藤原清貫ら複数名が亡くなりました。この落雷は、菅原道真の誕生日の翌日の出来事でした。そんな中でも、菅原道真の左遷時にも励ましの手紙を送るほど親交のあった時平の弟・藤原忠平は、無事だったのです。

　これらのことは、ただの偶然でしょうか？　これは藤原道真に仕えていたご眷属が怒ったのだと言われています。このような事例や、逆に、神様がいるとしか思えないような奇跡的な良い出来事は、いくらでもあるのです。神道では、すべての人は神様（の御霊を分けて頂いている）とされていますから、誰に対しても偏見を持たず、誠意をもって接したいものですね。


## ❖天からのメッセージ

　実は、僕の事業が一気に飛躍したのも、スムーズに独立ができたのも、潜在意識と集合意識の影響が大きいと思っています。僕が急に稼げるようになったのは、2017年の頃です。四柱推命を学び始めたのが2014年で、講座を開講する講師の資格を取ったのが2015年ですから、そのような目に見える条件がその原因になっているとは考えられません。

　思い当たるのは、7年ぶりに伊勢神宮に参拝したこと、引き寄せの法則を意識したこと、人生が変わったという報告が後を絶たない飲食店に初めて行ったこと、の3つです。その飲食店というのは大阪にある『御食事ゆに

わ』のことですが、そこでは潜在意識に良い影響を与えるように食事を作っているのです。

　引き寄せの法則とは、簡単に言うと今の感情の出来事がそのまま引き寄せられるということです。「有難いなあ」「幸せだなあ」と思っていると、より有難いことや幸せになることが事象として起こるということですね。

　また、その当時、僕はまだアルバイトをしていたのですが、そのバイト先も僕が飛躍するためにちょうど良い環境だったのです。というのは、僕の星回りをすべて活かせて、家にいるよりバイトに行きたいくらい楽しかったのです。シフトにもかなり融通が利いて、心配性な僕にとっては何とも有難い『週１まで徐々に勤務日数を減らしていく』ということも許されたのです。そのおかげで心に余裕を持った状態で、独立を果たすことができました。

　更に、そのバイトでの採用が決まる前には、時給の高い事務職の面接を受けまくっていたのですが、ことごとく不採用だったのです。それも「今のあなたに必要なのは、そっちじゃないよ」という潜在意識や集合意識、天からのメッセージだったのでしょう。

# 事業には、運が必要

## ❖集合意識を味方にする

　実際、事業をやっていると、半分くらいは『運』だということが分かります。どれだけ経営技術を学んでも、結局、鑑定を自分に依頼するか否かは、相手が決めることですし、良くも悪くも思いがけないことが起こるのです。

　しかし、事業は運次第な部分はあっても、ギャンブルでも博打でもありません。運さえも味方につけながら、着実に繁栄させていくものなのです。そうです。運は、意図的に良くすることができるのです。その運に密接に関係しているのが、集合意識です。

　集合意識を味方にするには、天や宇宙や自然界と方向性を合わせる必要があります。そのような偉大なる存在は、どんな方向性を持っているのでしょうか？　日本人は昔から「お天道様が見ているよ」などと言われていたので、なんとなく分かると思います。天は、自然なこと・前向きなこと・人を幸せ

にすること・世の中を良くすることを求めているのです。

　ざっくり言えば、そのようなことをしていると、集合意識に応援されて運が良くなるのです。逆に、そのようなことに反していると、運が悪くなります。困っている人がいたら助ける。人には愛を持って接する。自分の都合ばかりを考えない。こう聞くと、当然のことのように思いませんでしょうか。ですから、多くの人は、ある程度は運が良いのです。

当たり前の ことこそ
大切に。

　しかし同時に、多くの現代人は、自然体からズレているので、そこまで集合意識を味方につけているとは言えないのです。例えばあなたは、世のため人のためを想って仕事をしていますか？　普段から徳を積んでいますか？神様やご先祖さまや自然を敬っていますか？　自己成長を追求していますか？　更なる貢献を追求していますか？　これらの問いすべてに、自信を持ってYESと答えられたとき、大いなる力が追い風となってくれるでしょう。

# 運の法則

### ❖運の良い状態を保つ方法

　運の良し悪しには、法則性があります。まず、運気にはバイオリズムがありますので、運気が一定ということはありません。運が良くなった後は悪くなり、悪くなった後は良くなります。占い鑑定をしていると、運気が低迷している方から相談を受ける割合が多いのですが、運気の流れを伝えてあげる

だけでも相談者は楽になります。

　要は、大変な状態の最中にいる人は、それが一生続くのではないかと錯覚しているので、「それは運気のせいですから、いついつから良くなりますよ」と教えてあげるのです。細かい運気の特性とその対策については本書ではお伝えしきることが難しいので、ここでは『運の法則』と『運を良くする方法』をお伝えしたいと思います。

『運』は、『徳』と同じだと捉えて頂いて構いません。良いことをすると徳が積まれ、運が良くなります。逆に悪いことをすると悪徳が積まれ、運が悪くなります。また、普段から徳を消費して生きており、良いことが起きたら、その分、多くの徳を消費します。要は、徳を積み続けることによって、運を良い状態に保っておくことができるのです。

　運気のバイオリズムの波はありますが、徳を積み続けていれば、高い水準での上がったり下がったりになりますので、そこまで不運な出来事には見舞われません。

　宝くじが当たったり、事業が一気に飛躍したり、芸能界でいきなり売れるようになったりすると、運を一気に消費します。そんな時に、徳を積み続けていなければ、一発屋で終わってしまいます。

　芸能界での良い例は、明石家さんまさんです。テレビを観ると、ただ笑いを取っているだけでなく、常に他の出演者にスポットライトを当てているのが分かります。ダブルで徳を積み続けているので、いつまでも売れ続けるこ

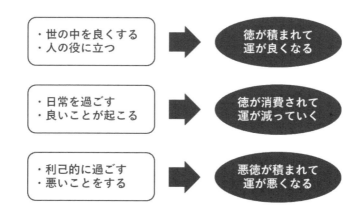

とができるのです。

　また、徳には、個人の徳もあれば、社徳や家徳もあります。会社として徳を積み続けている企業は長く続きますし、逆に、ご先祖様が徳を積んでいないと徳切れとなり、男の子が生まれないということも起こります。徳川家康は、「日本中に徳が川のように流れ、家（国民）は安らか（康）に治まる」という意味を込めて『徳川家康』に改名しましたが、江戸幕府が264年続いたのは、徳の力もあるのです。

　徳には、天徳・地徳・人徳の３種類があります。天徳は世の中のためになること、地徳は地域や業界のためになること、人徳は人のためになることをすると積まれます。天徳→地徳→人徳の順で多くの徳が積まれますが、理想はすべての徳を同時に積む『三徳一致』の生き方・働き方をすることです。勝ち過ぎず、取り過ぎず、目立ち過ぎず、全体が良くなることを考えることです。

　なお、徳には、陰徳と陽徳があります。陰徳とは、陰で良いことをすることです。陽徳とは、目立って良いことをすることです。陽徳でも徳は積まれますが、目立って賞賛を浴びることでその場で徳を消費しますから、できるだけ陰徳を意識して積むとよいでしょう。

# 心のステージを上げる

### ❖心の状態は、4段階のステージに分けられる

　天に応援され、集合意識を味方につけるためには、より多くの徳を積んでいく必要がありますが、そのために必須となるのは心の状態を昇華させていくことです。心の状態は、分かりやすく４段階のステージに分けることができます。『依存』『自立』『幸福』『貢献』の４つです。

　人は誰もが、生まれてから依存させてもらいながら育つため、依存状態から始まります。そして自立をし、人と上手く関わることによって幸福を得て、最終的に生き方を決めてより大きな貢献を目指します。これは人が人生を歩んでいくにあたっての自然な成長段階であると思います。

　しかし、大人になっても自立できない人もいます。自分のことばかり考え

る人もいます。それでは天に応援される生き方はできません。天に味方される人とは、心や魂をより成長させ、貢献度を上げていく人です。

　事業とは、成長と貢献を繰り返すことです。成長したら貢献する。貢献度を上げるために成長する。それ以外の余計なことに囚われてはいけません。

## ❖ まずは『依存』ステージから抜け出す

　まずは『依存』ステージから抜け出すことが第一歩です。「私は自立している」と思うかもしれませんが、生活費を自分で稼ぐことだけが自立ではありません。自分の人生を生きると決めた時が『自立』ステージのスタートラインなのです。実際、日本人は45％くらいが『依存』ステージで、この状態の人が最も多いのです。まず『依存』ステージについて簡単に説明しましょう。自分が当てはまっていないか、チェックしてみてください。

　『依存』ステージは、生活費を稼ぐためだけにイヤイヤ働き、不平不満が多い状態です。人に言われた通りに仕事をこなし、自らの意思で動くことはありません。積極的なのは自分の権利を主張する時くらいです。目の前のことに追われたり世間に流されたりして、良くないことがあると文句を言ったり言い訳をしたり周囲のせいにしたりします。

　「できない」「だって」「でも」「どうせ」などのDが付く言葉や「私は悪くない」「私のことを分かってくれない」「あの人が悪い」「良い出会いがない」「それは無理」などが口癖で、幸せは誰かが運んできてくれるものだと勘違いしています。また、ストレスが溜まりやすいので、ストレス発散に関心があったり物欲を満たすことによって満足感を得ようとしたりします。

　『依存』ステージから抜け出すためのテーマは、『自己責任』と『決断』です。自分の人生には自分で責任を持ち、夢や目標を定めて、それに向かって踏み出すことです。周りは依存仲間を失いたくないためにそれを阻止しようとしますが、それを振り切ることです。善意のアドバイスも、その世界しか見えていない人のアドバイスですから、真に受けないことです。その人のアドバイスを受け入れたら、その人のようになります。上のステージに行きたいのなら、上のステージの人に相談しましょう。

## ❖ "不幸な成功者" のほうが多い『自立』ステージ

　自分の可能性を信じて、一歩踏み出したら、今度は『自立』ステージに進みます。このステージの人は全体の35％を占め、不景気の時はもう少し増えます。『自立』ステージの人は、自分の夢や目標に向かって前向きに動き出し、実際に夢を叶えたり大きく稼いだりします。世の中で輝いている人や成功者と言われる人は、ほぼこのステージです。自分を成長させながら前向きに行動することで、神様の目に留まるようになります。そして、ベストなタイミングで試練や成功が与えられるのです。

　『自立』ステージは、なんて素晴らしいんでしょう♪　そう思うかもしれませんが、このステージは全体で見ると下から2番目です。まだまだ天にそこまで応援もされなければ、そこまで幸福ではありません。というのは、落とし穴があるのです。

　このステージに長くいると、富や名声や目標にこだわるあまり、苦しくなるのです。「もっと稼ぎたい」「ワクワクする夢になかなか近づけない」「あの人よりも結果を出したい」「悪を滅ぼしたい」そう思っている人って、幸せではないですよね。実際、世の中には"不幸な成功者"のほうが多いのです。不幸な成功者とは、事業や金銭面で成功を収めても、人間関係・家族・ストレスの面でボロボロな人のことです。中には自殺をする人も少なくありません。

　これは、満足感を得ることが幸せだと勘違いしていることから起こります。満足感は、満たされたら「もっと、もっと」という次の欲求が出てきて、キリがありません。それを追い求めているうちに、不幸になってしまうのです。

　このステージにいるうちは、本当の幸せは手に入りませんし、成功も一時的なもので長くは続きません。ですからこの『自立』ステージにいる時間はできるだけ短くし、早く次のステージに行けるよう意識を向けることです。

　基本的に、お金に焦点を当てるほど、苦しくなります。事業で利益を上げることは大事ですから、目標や計画を立てる時はお金のことを考えるのは当然ですが、すべての物事には中庸というちょうど良い点があります。必要以上に貪欲になったり、四六時中お金のことを考えたりすることはよくありません。気を抜くのではなく力を抜いて、力を込めずに心を込めて仕事をしましょう。

## ❖ 『依存』『自立』ステージと『幸福』『貢献』ステージの壁

『依存』『自立』ステージと『幸福』『貢献』ステージは、世界が全く違います。その分、そこの壁も厚いです。前者２つのステージは、満足感を求め、人のためよりも自分のためという意識が強く、それ故に他力もあまり働きません。自力だけでは、どれだけ能力が高くても、できることはたかが知れています。

後者２つのステージは、自分のことよりも世のため人のためという意識が強く、それ故に他力が働いて上昇気流に乗っていくことができます。関わる人たちが「あなたのために」というスタンスなので、良い情報や人を紹介してもらえますし、心も豊かなので自分の心も豊かになり、より豊かな状況が引き寄せられてくるのです。

『自立』ステージから『幸福』ステージにシフトしていくための課題は、『愛と思いやり』です。人との比較や競争をやめて、自分の欲を満たすことよりも人を喜ばせることに集中することです。結末ばかりに気を取られずに、お粗末な今を改めることです。

「こんなことをしてみんなを幸せにしたい」というワクワクする夢も、本当に相手がそれを求めているのかを見直したほうがよいでしょう。自分勝手な夢や善意の押しつけは相手のためではありませんから、愛と思いやりを持って、本当に相手を喜ばせること・幸せにすることを追求していくことです。

本当の幸せとは、満足感ではなく『一体感』ですから、相手の喜びは自分

その時に、もし自分が神様だったとしたら、周りの人や地球に何をしてあげたいかイメージしてみるといいよ。

世のため人のためって自己犠牲にならっちゃわない？

の喜び・相手の悲しみは自分の悲しみとなるくらいまで心を合わせて、一緒に相手の幸福を追求していきましょう。

そして一番上は『貢献』ステージですが、このステージの働き方は、"自分の仕事"という枠を越えます。「世の中を変えたい」「業界を変えたい」という意識です。人を喜ばせるのは前提であり、利益も大事ですがお金は何とかなるというくらいにしか思っていません。それよりもフォーカスすべき大事なことがあるのです。

ここまでくると天にかなり応援されます。集合意識が味方となり、神様に応援されている・導かれているというような出来事が頻発します。『貢献』ステージに行くために必要なのは、第2章の"自分スタイルを確立する"項目で穴埋めして頂いた軸を見直すことです。仕事の再定義をするのです。

また、更なる自己実現を目指すことです。自己実現とは、本来の自分になることです。本来の自分とは、自分の資質を活かし、魂が求める生き方をすることです。

きっと『依存』『自立』ステージの人は、「自分のことだけでも精一杯なのに、他人や世の中のことなんて考えられない」と思うでしょう。確かにそれは自然なことであり、そう思うのも無理はありません。ただ、もっと上のステージに焦点を当てていかなければ飛躍・繁栄をし、大きな幸福に包まれることはないのです。

ステージは、一気に上げることもできます。そのためには心の状態をガラッと変えるイメージで、『世のため人のため』『一体感』『人のおかげで今があること』『お役目・ミッション』などを意識し続けることです。

| ステージ | 依存 | 自立 | 幸福 | 貢献 |
|---|---|---|---|---|
| 働き方 | イヤイヤ | イキイキ | ハートフル | ミッショナブル |
| 目 的 | 生活のため | 満足感のため | 人のため | 世の中のため |
| 口 癖 | だって　できない<br>でも　どうせ | 楽しい　やる！<br>私の夢は | おかげ様で<br>ありがとう | 本当に運がいい<br>私の役割は |
| 課 題 | 自己責任<br>決断 | 愛<br>思いやり | 仕事の再定義<br>自己実現 | 自己超越<br>統合 |
| 働く力 | ほぼ自力のみ | | 自力＋他力 | |

上のステージを理解できなければステージを１つずつ上がっていくしかな
かったり、『自立』ステージにはまってしまったりしますから、できるだけ
その感覚に触れることです。できればそういう人たちと一緒にいる時間を過
ごしたり、神社に行って神気を感じたりする機会を増やすとよいでしょう。
もちろん、自分の欲を満たすのも原動力になりますから、それも１つの目標
にして頑張るのはよいと思います。

# できる人よりも、できた人へ

### ❖『徳人』と『才人』

　集合意識を味方につけてより飛躍し、より幸せになるためには『幸福』
『貢献』ステージにシフトしていくことだとお伝えしましたが、これは人徳
があり器の大きな『徳人（できた人）』になるということでもあります。

　素晴らしい人間は、徳を積み、集合意識にも味方されて運が良くなるので
す。これと別のベクトルで多くの人が優先させがちなのが、能力やスキルを
磨いて『才人（できる人）』を目指すことです。

　この道は、ある意味レベルアップをしていくのですが、そこだけにフォー
カスするのは不幸な成功者街道であり、ステージを上げる道ではありません。
目指すは、両方を兼ね備えた人になることですが、最初に目指したいのは、
ステージを上げる『徳人』のほうです。というのも、先に『才人』を目指し
てしまうと、更なる欲望・条件付きの幸せ・失うことへの恐怖・メリットだ
けの人付き合い・孤独などの泥沼にはまってしまいやすいからです。先に
『徳人』になれば、無条件の幸せ・心が良い人とのご縁・周囲の応援・運気
アップが得られ、幸せな成功者に早く近づくことができるのです。

　"できた人"になるには、どうすればよいでしょうか？　それは、人間性の
素晴らしい人とそうでない人を思い浮かべると、なんとなく分かるのではと
思います。例えば、誠実であること、誠意を尽くすこと、人を思いやる気持
ち、いつも感謝を忘れない、目の前のことに精一杯取り組む姿勢、努力する
精神、笑って損ができる、人を許せる、良い言葉を使う、約束は守る、報連
相をしっかりする、良いことは相手のおかげと捉えて良くないことは自分に

るるが今日も一日平和で幸せなのは
地球のみんなのお陰だよ。
本当にありがとう。

原因があると捉える、セルフイメージが高い等、いろいろありますよね。

　占いはみんなが興味を持っているので、簡単に仕事にして売上を上げることができます。しかし、そこで慢心して傲慢になってはいけません。天狗になったらその鼻をへし折られる結果となるでしょう。「自分の実力だ」「事業なんて簡単」というのは完全なる勘違いです。すべて周りの皆様のおかげであり、お役目を頂いてお仕事をさせて頂いているのです。

　空手の極真精神に「頭は低く、目は高く、口を慎んで心広く、孝を原点とし他を益する」という言葉があります。「謙虚に、志を高く、不平不満や自慢などの余計なことは言わず、広い心で、親孝行を原点として、他者・社会に貢献する」というような意味です。これは起業家の精神・人としての在り方としても、参考にして頂きたい言葉ですので、紹介させて頂きました。

　なお、親孝行というのは儒教の教えに基づいているが故の言葉ですが、事業をやるうえで信仰心も大事です。どこかの宗教に入信しましょうというお話ではなく、多くの老舗企業のルーツは、実はこの儒教・神道・仏教なのです。滋賀・三重・大阪でそれぞれの信仰を持った近江商人・伊勢商人・大阪商人が、時代の荒波も乗り越えて永続・繁栄させてきたのです。近江商人の心得『商売十訓』というものもありますから、調べてみると面白いと思います。

　天に応援される人の特徴として、世のため人のためにチャレンジしていくことも挙げられます。勇気を出してより大きな貢献をしようと思っても「やっぱりやめた」と言う人は、現状のステージに留まることになるでしょ

う。

　実は、このステージを上げようと思った際に、必ずと言っていいほど『引き戻し現象』『神試し』が起こります。これまで付き合っていた人に引き止められたり、よりメリットのある誘いや提案を受けたり、一時的に売上が下がったり、過去最大の自己投資や事業投資が必要になったり、自分の無力さを痛感するような状況になったりするのです。

　ステージを上げるということは、付き合う人も価値観もガラッと変えるということですから、それまでのステージに引き戻されてはいけません。それはあなたが本気かどうかを神様に試されているので、覚悟を決めて、より運勢が上がっていくと信じて、その課題をクリアすることです。

# 神様に応援される神社参拝法

### ❖神社の神様の正体

　神様に応援されるための代表的な方法は神社参拝ですが、参拝の仕方によって、神様に応援されやすい・されにくいという違いがあります。もちろん、何も知らずに神社に行くことも決して無駄ではなく、自然の空気や神気に触れることで、自分にその感覚が移されていくという効果はありますし、神様も神社に来たことはちゃんと見ています。

ただ、何かのついでに神社に寄って五円玉を入れて「良いご縁があります
ように」などというような参拝をしても、神様はそれに応えたいとは思いま
せん。なぜなら、神社の神様の正体は、人の祈りによる集合意識だからです。
　鎌倉時代に制定された法律・御成敗式目の第一条には『神は人の敬により
て威を増し　人は神の徳によりて運を添ふ』とあります。日本人は昔から感
謝や祈りによって神様を集合意識に創造し、その恩恵を受ける行為を行って
きたのです。それを同じ場所で形式的にエネルギー交流をすることが神社参
拝なのです。
　神社参拝は、神様を偉い人だとイメージすると、どうすれば応援されやす
いかが分かりやすいでしょう。まず、会いに行くわけですから、相手のこと
を知っておくのは当然です。御祭神は、何という名前のどんな神様で、どん
な功徳が得られるのか、ということです。
　基本的な参拝方法は、インターネットに載っていますので調べて押さえて
おいていただきたいと思いますが、ここでは神様に応援されやすい参拝方法
のポイントを幾つかご紹介したいと思います。「自分が神様だったとしたら、
どんな人を応援したくなるか」と考えてみると分かりやすいでしょう。

## ❖お祈りする際の大事なポイントは３つ
　お祈りする際の大事なポイントは『繋がり』『貢献』『成長』の３つです。
繋がりとは、「私を神様の御用にお使いくださいますようお願い致します」
などと神様と繋がることです。そのうえで「私はこのような貢献をしていき
ます」という決意表明をし、「そのようなことができる自分に成長させてく
ださい」という具合です。
　そして祈りは意を乗せることですから、できるだけ情熱的に大げさに祈っ
た後に、できればピン札を入れることです。どうしてもお金がない・小銭し
かないという場合は、後払いでも構いません。お札が用意できるようになっ
た際にお礼参りをするとよいでしょう。
　参拝を突き詰めると、祝詞を唱えたり他にも言ったほうがよいことがあっ
たりするので、時間がかかってしまいます。後ろに人が並んでいると集中で
きなくなってしまいますので、少し離れたところからお祈りするとよいで

しょう。特に観光地化しているような神社では、お賽銭箱の前は欲望などの良くない念が集まっています。天と社殿は繋がっていますから、そのイメージができて落ち着けるような場所からお祈りをするとよいでしょう。

　なお、お願いごとをする時は、貢献のために必要だという位置づけにするとよいです。例えば、総理大臣に「今月あと10万円欲しいです」とお願いしても軽くあしらわれることが想像できると思います。しかし、それがもし、「日本を良くするためにこういうことが必要で、そのために今あと10万円が必要なんです」と言うなら、それくらいポケットマネーで出してくれる可能性もあるのではないでしょうか。

　最低限お参りしなければならない神社は、氏神様です。氏神様に参拝をしたことがない人は、他人の土地に勝手に住んでいることに等しいとも言えます。氏神様は各都道府県の神社庁に問い合わせて住所を伝えると教えてくれますので、確認しておきましょう。

　氏神様には毎月1日と15日にお参りし、報連相をするとよいでしょう。加えて、その地域で最も社格の高い神社を一宮（いちのみや）と言いますが、一宮神社にも毎月参拝できるとベストです。例えるなら、氏神様は直属の上司、一宮神社は社長に挨拶をするようなイメージです。普段の人付き合いと同じように、神社によって、どう向き合えばよいのかを相手の立場に立って考えてみるのもよいと思います。中には、神様の開運を祈り、神様にエネルギーを与えるスタンスで参拝すると目を付けてもらえるという教えもあるようです。

　また、氏神様・一宮神社はその地の神社ですが、神社には天・地・人とあります。天は伊勢神宮のみで、できれば年1回は参拝しましょう。人は明治神宮や日光東照宮などの人が祀られている神社です。

　いずれの場合も、できるだけ人が少なく空気が澄み切っている早朝に参拝するとベストです。夜中は悪霊がいますから、行くのはやめましょう。他にも、なんとなく嫌な感じがする神社や、観光地化して邪念が集まっていそうな神社も控えたほうがよいです。管理する人がいない無人の神社も、神様が離れてしまっています。

# 第7章

# エネルギーを
# 理解する

# エネルギーとは

## ❖エネルギーで大事なこと

　エネルギーという概念を理解すると、様々なことが分かるようになります。例えば、なぜ苦しいのか、なぜやる気が出ないのか、なぜ上手くいかないのか、逆に、どうすれば物事が上手く回るのか、などです。エネルギーとは目に見えないものですが、一般的に使われている言葉ですのでなんとなくイメージできると思います。元気の源・力・気の流れのようなものです。

　人は、エネルギーを溜めて、それを使って生活や仕事をしています。エネルギーがなくなると動けなくなりますので、休むことなどによってエネルギーを充電します。エネルギーは、やる気・行動力・閃き・気付き・能力発揮・お金・出会い・チャンス・結婚・成功・健康などの多くのものに変換されます。

　エネルギーがなければ何をやっても空回りをして苦しいだけですから、そういう時はエネルギーを溜めることが大事です。逆に、エネルギーが充分ある状態は、運も良くなって良いことも起こりやすくなります。エネルギーは、『徳』や『運』とも深く関係していますから、溜めて使うという面では、ほぼ同じと捉えてよいでしょう。

　エネルギーが、徳や運と違うのは、自分の心持ちによって一気に浪費したり、奪われたりするという点です。やる気がなくなったり、人間関係が悪化

したり、トラブルが起きたりするのは、エネルギーが無駄に漏れていたり、人に奪われていたり、エネルギーがない状態で頑張ろうとしているからです。

　また、エネルギーを溜めて徳を積むことで、良い循環を起こすこともできます。良いエネルギー循環が起こると、事業での成果にも繋がります。お金もエネルギーですから、運が良くなってお金が入ってくるという流れも理解ができるようになるのです。

　エネルギーで大事なことをまとめると、『溜めること』『循環させること』『無駄に浪費しないこと』『奪われないこと』です。

# エネルギーを溜める

### ❖ エネルギーが溜まる行為

　エネルギーは、様々な方法で溜めることができます。基本となるのは、『食事』『お風呂』『睡眠』『勉強』の４つです。

　食事は、健康的で心のこもった料理を頂くこと。できれば天地自然の恵みや食卓に並ぶまでに携わったすべてに感謝をし、光り輝く白米を主食に頂くことです。お風呂は、足をはじめとした下半身を、しっかりと湯船につかって温めること。睡眠は、その日の感謝や未来の良いイメージをしながら、できるだけ安らげる寝室・良質な寝具で眠ること。勉強は、関心のある分野を本や動画、講座や人との交流で学ぶなど、前向きな情報を入れることです。

　他にもエネルギーを溜めたり上げたりする方法として、以下のようなものがあります。

・明るく前向きな言葉を使う（脳内会話も含む）
・高い理想や志（使命感）を持つ・はっきりさせる・再確認する
・自主的になり、目標を立てて行動する
・人を応援する
・エネルギーが高い人と一緒にいる時間を増やす
・幸せな家庭を築き、いい仲間に囲まれる
・キレイで快適で安らげる空間・環境を作る

- 時間と手間をかけて作られた道具を使う
- 人の幸せな姿やイキイキ輝いている姿をイメージし、すぐにそのための行動を実践する
- 意識を広げる（多くの生命や過去・神話など、すべてが今の自分を構成し支えてくれていることをイメージする）
- 光を発するイメージで言葉を発する（言葉は光透波）
- 古事記を音読する
- 自分の名前に、より素晴らしい意味づけをする

　まだまだあると思いますが、分かりやすい考え方としては、何かをしてやる気や元気が出たり、漲る感じがあったりすれば、それはエネルギーが溜まる行為と言えます。

# エネルギーを無駄に浪費しない

### ❖無意識の浪費に注意
　エネルギーは、せっかく溜めても無駄に使っていてはもったいないですし、無意識に浪費することは全体運を下げることに直結します。次に挙げるうち、該当する項目がある場合は、見直したほうがよいでしょう。

- 関わる人が多すぎる（複雑な人間関係・八方美人・無理して笑顔で付き合う）
- 数字だけを増やそうとする
- 駄弁（無駄話・しゃべりすぎ）
- 考えてもしょうがないことや、起きてもいない未来のことを考えて不安になる
- 過度な喜怒哀楽や満足
- 過剰な目標設定とそのためだけの行動
- 無目標
- 食の乱れ（ジャンクフードや暴飲暴食）
- 性の乱れ（不特定多数）
- 不眠不休
- 無目的・やらされ感・義務感
- 過酷な戦場環境
- 不要なものが多い
- よく目にするものや空間が汚い・散らかっている
- 不潔
- ストレス発散的な遊び
- 自分のことしか考えない

・素になる（冷めて熱量がない）

　疲れることや気持ちが暗くなること・気力がなくなるようなことは、大体エネルギーを浪費する行為と言ってよいでしょう。

# エネルギーを循環させる

### ❖巡り巡って自分に返ってくる
　エネルギーを循環させるには、前章の『運の法則』でもお伝えしましたが、徳を積むことです。世のため、人のため、業界のため、地域のためになることなどをやることで、エネルギーが循環し、それが巡り巡って自分に返ってきます。具体的には、次のような項目があります。

・命を助ける
・人をプラスの感情にする
・幸福を与える
・閃きやアイディアを与える
・才能を開花させる
・祈る
・使命・天命を手助けする
・教える
・笑わせる
・気づかせる
・寄付をする
・お賽銭・お玉串を入れる
・プレゼントをあげる
・出番（チャンス）を作る
・出会った人の役に立つ
・良い仕組みを作る
・人を育てる

エネルギー循環は、自分と相手の二者間だけで起こることではありません。良い影響を与えた相手が更に誰かに良い影響を与えると、そこでのエネルギー循環も自分に返ってくるのです。言い換えると、良い連鎖が起きれば、その分だけ自分の徳も勝手に積まれていくのです。あなたの人を幸せにする行いが、どこかで噂されて評判が良くなったり口コミが起きたりすることを考えると、理解できるのではないでしょうか。

　実際、僕のお弟子さんでも、エネルギーを循環させることによって、紹介が途絶えない鑑定師さんもいます。その人はインターネットが苦手なので、ブログもSNSも一切やっていない完全アナログなスタイルです。それでも僕の講座を受講して2年弱ですでに1000名くらいの鑑定をこなしています。鑑定1回1.5万円でも、それ以上のエネルギーを与えているので、お願いせずとも口コミが起こっているのです。

# エネルギーを奪われない

### ❖依存ステージの人に要注意

　鑑定活動を始めるにあたって特に気をつけたいのは、エネルギーを奪われないようにすることです。無料や安価でやるのは友人からやることをオススメしている理由の1つは、エネルギーを奪われやすいからです。また、カウンセリングのようなことをしたいという人も注意です。暗い話をずっと聞いていては、エネルギーを奪われまくって、動けなくなってしまいます。

エネルギーを奪われるとは、主に次のような項目が該当します。

- 依存ステージの人との付き合い
- ネガティブな言葉を浴びせられる
- ステージが低い人に主導権を握られる
- 期待されると同時に見返りを求められる
- 干渉される
- マウントをとられる（従うしかないことを言われる・支配される）
- かまってちゃんとの付き合い
- 利益のためのアプローチを受ける

　要は、人と関わったあとに疲れるようならば、その人はエネルギーを奪う状態にあると考えてよいでしょう。心のステージが低い人ほど自分にエネルギーがないので、人の気を引こうとしたり愚痴を聞いてもらおうとしたりと、エネルギーを奪うような行為をするのです。それはその人が悪いのではなく、依存ステージでエネルギーがないために無意識でやってしまうので、その人を責めてはいけません。

　ただ、そのような付き合いをしている限り、エネルギーを奪われ続けるので、上手くいく事業も上手くいかなくなってしまいます。調子の良かった会社が上手くいかなくなるのも、経営者の夫婦関係やその他の人間関係でエネルギーがなくなっていることが原因の場合も少なくないようです。

　エネルギーを奪われないためには、まずはそのような人付き合いを断ち切ることです。類友の法則もありますから、もし自分が依存ステージにいると思うなら、同じようなお客様が集まってこないように、一刻も早くそこから抜け出しましょう。

　お金をたくさん頂ければまだよいのですが、依存ステージの人はエネルギーを奪ううえに無料や安価なサービスを選びますから、そこの人たちを主なお客さんにするとかなり大変です。お客様にとっては、安く受けられてエネルギーをもらえるので喜ばしいことですが、個人起業家にとっては死活問題です。カウンセラーがお客さんに共感して鬱になるという話は、もはやあ

るあるです。

　それでも、エネルギーを奪う状態の人を相手にすることがあるでしょう。そんな時には、エネルギーを奪われない方法があります。それは簡単なことで、「私はエネルギーを奪われない」と決めるのです。目に見えない気とかエネルギーというのは、実は「思ったらそうなる」という世界です。

　自分が相手に何かをしてあげなければ相手が変わらないと思えば、自分から相手にエネルギーを注ぐことになります。逆に、相手は自分で問題を解決できると思えば、自分のエネルギーを与えなくても相手は変わることができるのです。

## ❖共感の代わりに『理解』する

　鑑定時にエネルギーを奪われないための重要なことをもう1つお伝えしましょう。それは、相手に共感しないことです。例えば、「もう何もやる気が起きないんです」これに対して「分かります〜、やる気、起きないですよね〜」と共感することを想像すると、自分のやる気も起きなくなってしまうのが理解できるでしょう。

　もちろん、相手の考えなどを否定してはいけません。傾聴することも大事ですが、共感はいけないのです。共感の代わりにすることは、『理解』です。人は、共感されなくとも、理解してほしいのです。いい人ぶって「そうです

よね」と同調するのではなく、「教えて頂いてありがとうございます」という気持ちで相手の話を聞きましょう。

　あなたの役割は、相手を上に引き上げることですから、逆に相手に引き下げられてはいけません。下のステージからは上のステージのことはよく分かりませんが、上のステージからは、下のステージのことがよく分かります。自分も下のステージに下がってしまっては、どうすれば運勢が好転するかの良いアドバイスも、できなくなってしまうでしょう。

　また、自分がエネルギーを奪う側にならないように注意も必要です。特に、恋愛関係や親子関係は、エネルギーを奪う代表的な人間関係です。「もっと構ってほしい」「子供の将来や受験が心配」と思っても、相手が気を持っていかれたり嫌がったりする発言や行動は控えましょう。その代わりに、相手を信じ、より元気になったりやる気になったりすることを考えましょう。

# 過去や未来、離れている人とのエネルギー対策

### ❖エネルギーは、空間や時間軸をも飛び越える

　エネルギーは、"気"と言い換えることもできますが、それは空間や時間軸をも飛び越えます。遠くの人や過去や未来のことを思うと気持ちが明るくなったり暗くなったりすることがそれを証明しています。

　気功を使った遠隔ヒーリングやトラウマ解消もその特性を利用したものであり、そのようなことは本来誰にでもできることです。気功については本書のテーマから外れるためここでは触れませんが、気・エネルギーは簡単に操作することができるのです。

　まず多いのが、過去のショッキングな出来事にいつまでも囚われていて、現状に悪影響を及ぼしている人です。ショックから立ち直れずにクヨクヨしたりウジウジしたり、または怒って許さないのは、過去にエネルギーを奪われている状態です。「怒ると肝臓を壊す」「ストレスで胃に穴が開く」と言われますが、度が過ぎた感情は、それに対応した部分に不調をもたらしますので、健康まで損ないかねません。

　過去にエネルギーを奪われていてはいくら他のことを頑張っても、エネル

ギーを溜めて循環させることは難しいので、何をやっても上手くいきません。過去からエネルギーをもらい、過去に応援されるようになるためには、その事象の捉え方を変えることです。過去にエネルギーを奪われている人は、「〜のせいで……」と、その事象を悪いことのように捉えています。それを、「〜のおかげで……」に変えるのです。

確かに、その事象のせいでその時は大変な思いをしたかもしれません。でも、その事象のおかげで学びになったり良いきっかけになったりと、長期的にみると良いこともあったはずです。

真実は１つですが、それをどう捉えるかは自分次第です。悪く考えているうちは、自分で自分の今と未来を不幸にしているのです。しかし、捉え方を変えることで、自分の今と未来をより幸福なものにすることもできるのです。

人に対しても同じです。どんなに嫌な人でも、その人がいてくれたおかげで今のより成長した自分がいるのです。天は、あなたの神話を完成させるために、必然的に出来事や出会いを与えてくれます。自分の人生の主人公は自分であり、登場人物は必要なタイミングで必要なキャラクターとしてあなたの前に現れたのです。

その人はあなたにとっては嫌な人でも、他の人にとってはそうではないのです。あなたの人生において、その人との関わりにはどんな有難い意味があるでしょうか？　それを考えることで、また１つ、足かせが外れるでしょう。

未来にもエネルギーを奪われたり与えられたりします。未来に対して余計に不安がるばかりで何もしないとエネルギーを奪われますし、明るい未来に向かって進もうとすることでエネルギーを与えられます。

『依存』ステージの人は、過去からも未来からもエネルギーを奪われる捉え方をしています。『自立』ステージの人は、「この状況をなんとかしたい」「悪を成敗したい」「あの人を見返してやりたい」というような過去への復習などの悪いエネルギー源で活動していますから、あまり良い循環は起こりません。どちらも過去の延長の時間軸で生きているため、「過去がこうだったから」などと言い訳をし、未来からもエネルギーをもらうことができません。

『幸福』『貢献』ステージの人は、時間は未来から現在に流れてきて、過去に過ぎ去っていくという感覚を持っています。分かりやすく言い換えると、

理想の未来が現在に向かって近づいているという感覚です。

「望む未来がこれだから」という理由でそうなるために今の動きをし、その結果が過去に過ぎ去っていきます。過去がどうだったかということはできない言い訳にしません。未来のために必要だと思ったらそれをやるのです。自分で勝手に制限をかけないことです。限界は、自分の頭の中にしか存在しないのですから。

未来からの風は過去をかけがえのない宝物だと教えてくれる

# 場のエネルギーを高める

### ❖ "ひふみ" のエネルギーが大きな効果を発揮する

エネルギーという概念で、今回最後にお伝えしたいことは、場のエネルギーです。エネルギーが高い場と低い場があります。エネルギーが低い場は、冷たくて暗くて汚い状態です。エネルギーが高い場は、温かくて明るくてきれいです。

場のエネルギーは、そこで働く人・暮らす人に大きく影響します。エネルギーが低い職場は、散らかっていて人間関係もギスギスしています。エネルギーが高い職場は、きれいに整理整頓がされていて愛を感じられて人間関係

も良好です。

　ですから、まずは、家や職場の掃除をすることです。やる気が起きなかったりごはんが美味しく感じられなかったり物事が上手くいきづらかったり良いアイデアが生まれなかったりするのは、場にエネルギーを奪われている可能性があります。エネルギーをかけて掃除をすることで、その場のエネルギーが高まり、その恩恵を受けることができるのです。

　環境を観る風水という占いがありますが、これは気の流れを良くするためのものです。実は風水には火の要素が隠されていて、火・風・水が揃うことにより"ひふみ"のエネルギーとなり大きな効果を発揮するのです。特に日本は火山大国であり日の本の国ですから、火が最も重要です。

　部屋の掃除にひふみのエネルギーを持たせましょう。火は日光を入れることや、キャンドルを灯すこと、間接照明を取り入れることです。風は、整理整頓をして風通しを良くしたり、定期的に空気を入れ替えたりすることです。水は、水拭きをしたり加湿器を炊いたりすることです。

　家全体でいうのであれば、まず入口である玄関をきれいにし、人に大きな影響を与えるリビング・寝室・キッチンもきれいにします。そして邪気は水回りから出ていきますので、風呂・トイレの掃除も重要です。いきなり全部をやるのは大変だと思いますので、まずは一か所を徹底的にきれいにするこ

とです。そうすることでそこがパワースポットとなって、家全体に良い気が広がるようになります。

　また、占い鑑定をするうえで大事なのは、エネルギーが高い場で鑑定をすることです。同じ人の同じ悩みに対して同じアドバイスをするにしても、どこで鑑定をするかによってその結果が変わってくるからです。例えば、繁華街のゴミゴミしたファストフード店で鑑定するのと、きれいで落ち着いたホテルのラウンジで鑑定するのとでは大きな差が出ることは想像しやすいのではないでしょうか。

　『占い鑑定は場とセット』このことを心得ておくことです。オンラインで鑑定する場合も、自分が鑑定する場所のエネルギーを高めることはもちろん、相手にもそのことを伝え、エネルギーを高めてもらえればベストです。このような事を教えてあげることも、相手の運勢を好転させる占い鑑定の領域なのです。

　なお、エネルギーも自然の摂理に沿っています。自然界に生きる人間の心のステージとも連動しています。『依存』ステージの人は、心が氷のようで、冷たく、重く、硬く、暗い状態です。『幸福』『貢献』ステージになるにつれ、氷が水や蒸気になるように、心も温かく軽く明るくなっていきます。

　事業活動で言うと、火風水の火は、情熱です。自然界でも志や情熱を持つ人が、事業を継続し繁栄させていくことができるのです。火があることによって、風が上昇気流になり、恵みの雨を降らすことができるのです。まずは自分のエネルギーを高め、自分がいるだけでその場のエネルギーが高まるくらいを目指すとよいですね。

第8章

# 邪気を払う

# 邪気とは

## ❖邪気は、日常的に溜まっていく

　エネルギーを溜めるのとセットで押さえておいて頂きたいのは、邪気を払うことです。邪気とは、負のエネルギーのことであり、それは日常的に溜まっていくものです。

　日本人は『依存』ステージの人が最も多いですから、多くの人と関われば邪気を受けると考えてよいでしょう。また、テレビやインターネットではネガティブなニュース・情報が多分に流れていますから、パソコンやスマートフォンなどの電波を受信する機器が近くにある時点で、邪気を浴びながら生きているようなものなのです。

　邪気が溜まると、人は自然体ではいられなくなります。直感力や判断は鈍り、余計なものに時間やお金を使うようになり、トラブルや体の不調としても現れてきます。

　特に都心部は邪気が多いですから、毎日そこに出社したり住んだりするのであれば、それ相応の対策が必要です。満員電車などの辛さやイライラなどの負のエネルギーが蔓延している空間にいたり、そのような状態の人と一緒にいたりすると、黒い邪気の煙を吸っているようなもので、それが全身に広がっていきます。僕は元々、田舎が嫌で上京してきましたが、今度は都会が嫌になって自然のある所に引っ越しました。時々仕事で都内に出るのですが、すぐに疲れたり眠くなったりと、邪気を浴びているのを体感します。

日本人は以前より、大掃除などで邪気を払ってきました。神社のお手水をはじめとした禊や、茅の輪くぐりなどの行事・神事もそのためのものです。

　今は田舎でもパソコンを使って仕事ができますが、それでも少なからず邪気・罪穢れは溜まっていくものです。邪気払いは浄化と言い換えることもできますが、現代では日常の習慣としてそれをする必要があるのです。

　その方法は様々ありますが、ここでは簡単かつ効果的で分かりやすい、４つの方法をご紹介します。

# 鼻うがい

## ❀鼻うがいとは

　まず、最もお勧めしたいのは、鼻うがいという方法です。鼻うがいとは、鼻から水を入れて鼻腔を通して口から出すことです。片方の鼻からもう片方の鼻だと鼻腔を通りませんので、あまり意味がありません。

　この話をすると最もよく言われるのが「痛そう」という意見です。安心してください。全く痛くありません。痛そうだと思うのは、昔プールで塩分濃度の高い水を飲んだ経験があるからです。鼻うがいは生理食塩水（体と同じ塩分濃度）で行いますので、痛くないのです。

鼻うがいをすると、体内の神経の邪気が取れて体がリセットされます。また、浄化だけでなく、感覚と感性が高まり、覚醒する効果もあります。自分の心や体の状態などいろいろなことが分かってきたり感じたりするようになります。余計なことに時間・意識・お金を使わなくてよくなるようにもなりますし、この習慣があるだけで、迷ったり悩んだりしなくなって人生得するのです。

　鼻うがいは他の浄化法と比べ物にならないくらい抜群に効きます。それは、鼻が最も敏感なセンサーだからです。聴覚・視覚・触覚・味覚は他に意識がいっていると働きませんが、臭覚だけは常に働いており、深い記憶とも繋がっています。「鼻が利く」「胡散臭い」などと言われるように、鼻は、雰囲気や情報を読み取ったり、気を敏感に感じとったりするのです。

　匂いがキツイ所に行くと、エネルギーも低く、邪気を受けます。逆に、良い匂いはエネルギーが高いです。現に、お金持ちや幸せな家庭・富豪の家は良い香りがします。匂いに鈍感なのは感覚が鈍っているということですから、鼻が利くようにしておきましょう。

　浄化するのは、鼻の奥にあるBスポットと呼ばれている部分です。Bスポットは唯一露出した全身の経脈に繋がっている部分です。本場のヨガでは悟るために編んだ縄を鼻と口に通してきれいにするくらい重要なスポットなのです。鼻うがいは最初はハードルが高いですが、縄を通すよりは断然楽ですから、何度かチャレンジしてできるようにしましょう。

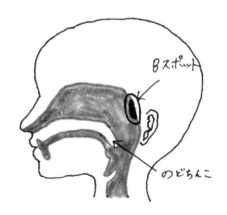

### ❀鼻うがいの準備

　鼻うがいに必要なのは、『良い水』と『良い塩』です。まず、水は浄水器を通した水がベストです。水道水は水道管の影響で錆びている水なので絶対にやめましょう。錆びた水は邪気なので、それが経脈を通って体全体に行き渡ってしまいます。

　次に、塩ですが、普通のスーパーで売られているような工業的に作られたものは避けましょう。天然の塩を使うことです。還元作用が非常に強く浄化にお勧めなのは「キパワーソルト」という塩ですが、人によって好みがありますから、自分に合う塩を見つけましょう。上級者になると、状態に応じて使い分けたりブレンドしたりする人もいるようです。

　そして、水と塩を入れるボウルが必要です。鼻うがいは片鼻１ℓずつやりますので、２ℓのボウルを用意しましょう。２ℓの水を持つのが重くて大変なら、１ℓのボウルで片鼻やるごとに作っても構いません。なお、ボウルは、料理で使うものと一緒にしないようにしましょう。鼻うがいはある意味、禊

169

の儀式ですから、いろいろな用途の使いまわしではなく専用のものを用意しましょう。2ℓのボウルの場合は、メモリが付いているものだと分かりやすいですね。

　生理食塩水は、塩分濃度が0.8～0.9％ですから、1ℓに対して9gの塩を入れると、0.9％の食塩水を作ることができます。まず、18gの塩を用意し、お湯で溶かします。それに水を入れて2ℓの食塩水にしましょう。熱すぎると鼻腔をヤケドしますので、体温くらいのぬるま湯がよいでしょう。冷たいほうが好きな方は、それでも構いません。

### ❇鼻うがいのやり方

　まず、鼻うがいをやる場所ですが、できれば洗面所でやりましょう。キッチンは、他の食べ物に入ってしまう可能性がありますし、お風呂でも自分の足などにかかると邪気を受けてしまいますから、そうならない場所が望ましいです。

　右鼻は左半身、左鼻は右半身に繋がっていますので、両鼻をやることです。鼻腔を通った水は邪気ですから、絶対に飲み込まないようにしましょう。やり方はシンプルです。片鼻を押さえながら吸って、口から出します。前かがみになってやると飲むことはありません。それでも飲み込んでしまう場合は「んーーー」と発音するようにしながらやると喉も閉まるので飲み込むことはありません。鼻の穴を完全に水につけてから吸うとやりやすいです。

　その際、イメージが非常に大事です。人は背骨がアンテナだと言われてい

ますから、背骨が白くなっていくイメージでやると、神経叢と脊髄の浄化になり、体全体がリセットされてクリアになります。また、口から出す水は、体に溜まっていた邪気を含んだ"墨汁のように黒い水"をイメージするとより効果的です。

　どちらの鼻がやりやすいというのは、人によって、また、その時に受けている邪気によって違います。なかなか通らないときは、無理にやらなくてもOKです。できるほうを多めにして合計２ℓやりましょう。どうしてもやりづらければ、深呼吸をするイメージや、風呂に入って血行が良くなってからも試してみてください。ゲホゲホしてしまうのは、肺に溜まった邪気が出たためですから、特に最初のうちはそれでやめないようにしましょう。

　とは言っても、慣れるまでは少し怖いですし時間がかかると思います。ですから、最初はコップ１杯からでもOKです。僕も最初は少量でも30分くらいかかりましたし、２回妥協しました。それでも鼻うがいの重要性を再認識して三度目の正直で試したら、わりとすんなりできました。今では両鼻同時にやるという技を知り、２ℓで１分もかからないくらいでできるようになりました。

## ❖鼻うがいの注意点

　鼻うがいをやった後は、必ず鼻をかみましょう。鼻腔はけっこう大きいのでそこに塩水が溜まりやすいのです。体を前傾姿勢に折って、頭を右・左に傾けながら、鼻を押さえる位置や角度を変えながら、何度もふんふんと出し

切りましょう。そうしないと、体制を変えたときや、人と話している大事なときなどに、後からたらたら出てきてしまいます。また、中耳炎になる可能性も出てきます。そして耳鼻科に行くと、鼻うがいをやめるように言われてしまうのです。

## ❀鼻うがいをやるタイミング

　鼻うがいは、家に帰ってから寝るまでの間にやるとよいでしょう。そうすることで、その日、外で受けた邪気を一掃することができます。逆に、邪気を受けたまま寝てしまうと、寝ている間に、邪気が顕在意識から潜在意識に深く入り込んでしまいます。意識はミルフィーユのように層になっていますので、奥深くに固定化されるとなかなかとれなくなってしまうのです。

　また、朝起きてからもやるとベストです。意識の上がきれいだと寝ている間に潜在意識の汚れが浮き上がってきますので、それを一掃することができるからです。

　それを、できれば毎日やりましょう。なお、やりたくない時は、邪気が邪魔しているということですから、そんなときほどやりましょう。

# 酒風呂

## ❀酒は「中のものを引き出す」効果がある

　鼻うがいの次にオススメなのが、酒風呂です。酒風呂は、物理的・気的な汚れを浄化します。全部の毛穴がぶわっと開いて悪いものが全部出ていくイメージです。

　中国では、水をお湯にすると気がなくなると言われており、その気を補助するためにお酒を入れます。お酒は料理にも使われるように「中のものを引き出す」という効果もあります。酒風呂はすでに健康法として知られており、体が温まるので冷えで体調が悪い人にもお勧めです。

　やり方は簡単で、日本酒をお風呂に入れるだけです。ただ、使うお酒には要注意です。大量生産するために醸造アルコールが多く入っているお酒を使ってしまうと、かえって体調が悪くなることもあります。昔ながらの天然

酒風呂は
美肌にも
よさそう♡

の製法で作られた純米酒を使うようにしましょう。お米のパワーも作用します。お風呂に入れる量は、おちょこ一杯でもよいですし、コップ1杯でもよいですし、もっと入れてもよいですが、お酒のクオリティが良くて量も多いほうが効果的です。ただ、酔ってしまう人もいますから、自分にちょうど良い量を見極めましょう。

　また、同じお湯に浸かるのは、2～3人までにしておきましょう。家族が多い場合、5～6人目は他の人の邪気が毛穴から入ってきて逆効果になるかもしれません。

　浄化は、やりすぎということはありませんから、酒風呂も毎日でもよいですし、数日に1回でもよいですし、時々でもよいでしょう。少なくとも、気持ちの切り替えができる年末や、干支暦で年が切り替わる前・1月中くらいにやるとよいでしょう。

# ろうそくを使った瞑想

### ✿火の浄化法

　次にご紹介するのは、火を使った浄化法です。鼻うがいと酒風呂は水を使った浄化法でしたが、ここで他の方法も紹介するのは、火・風・水それぞれの浄化法は役割が違うからです。水の浄化法では、体内の邪気を祓うことができますが、火の浄化法では、思考や感情の邪気・ネガティブエナジーを浄化することができます。

火の浄化法も複数ありますが、今回紹介するのは安全かつ簡単にいつでもできる、ろうそくを使った瞑想法です。ろうそくに火をつけて、深呼吸で状態を整え、火を受け入れる準備をします。火を直接体に入れたり近づけたりするわけではないですから、イメージがより重要になってきます。

　まず、ろうそくの火をぼ〜っと見つめます。ろうそくの不規則な動きを見ていると、脳のフィルターやブロックが緩んできます。ここからはイメージの力を使います。

　ろうそくの火は、徐々に近づいてきて、眉間から頭の中にすーっと入っていきます。頭の中でその炎は、雑念を燃やしていきます。嫌な記憶や無駄に考えすぎていることなど、すべてを燃やし尽くします。それらを燃やすと、あたまのてっぺんから、黒い煙が出ていきます。

　ろうそくの炎は、次に胸の中に移動します。そして、不安や心配、怒り、嫉妬、不満などのネガティブな感情を燃やしていきます。そうすると今度は、胸のあたりから黒い煙が出ていきます。

　すべての邪気を燃やし尽くすと、炎は徐々に小さくなり、消えていきます。同時に、これまで隠れていた光が見え、その光は次第に大きくなって、体全体に行き渡ります。更にその光は体外に溢れ出し、周囲の人を包み、徐々に広がっていって、全世界に行き渡ります。

　そのようなことをできるだけありありとイメージし、その状態に浸ること

ができたら、静かに目を開けます。やる前とは打って変わって、スッキリとした清々しい自分になっていることでしょう。

# パス

### ❖風で、筋肉についた邪気を払う

最後は、『パス』と呼ばれる風の邪気払いです。風を使うことで、筋肉についた邪気を払うことができます。

やり方は簡単です。片方の手で、もう片方の肘から指先までをなぞるように払うだけです。これもイメージが大事です。足の先から黒い煙が体内を上がってきて邪気が両肘から指先を通り、風に乗ってふわっと抜けていくイメージをしながらやるとよいでしょう。その際、払うほうの手の親指が、手前→下→奥となるように、少し手首を回転させるような感じでやると更に効果的です。

この方法は、どこでも簡単にできますので、頻繁にやるとよいでしょう。ただ、室内でやると部屋に邪気が漂ってしまいますから、できれば外や風通しの良い所でやることです。

また、人は責任を背負うと肩が上がってしまいますが、この上半身にアプローチする方法は、自分を責めがちな人には特に有効です。逆に、他人を責めてしまいやすい人は、下半身にアプローチする方法もお勧めです。両手を

お尻に当て、そのまま下にずらして、ふくらはぎを通って両足の指先から邪気を追い出すイメージです。

更に、人の体は肉体だけではありません。気を纏ったり、5〜20ｃｍほどまで近づくと温かみを感じたり、オーラが見えるという人がいたりしますから、それは実証されていると言ってよいでしょう。専門用語では、エーテル体やアストラル体などと呼ばれます。ですから、そこについている邪気も払うと更に良いのです。これもやり方は簡単で、上半身・下半身のパスを、触れるか触れないかくらいの距離と、5cmくらい離してやるだけです。

気は主に手から出たり入ったりします。施術家など、体の悪い部分を手で触れる職業の人は、一層気を使ったほうがよいでしょう。また、内勤の人は、外に出て風に当たるだけでも邪気払いになります。

# 自然に生きることも邪気対策となる

### ❀ 人は本来、幸せになることのほうが簡単

占い鑑定をするうえで、また、自他を幸せに生きられるようにするために必要なことは、自然体で生きることです。大いなる自然界の流れに沿うことで、とても生きやすくなります。すべてと一体となることで、直感力も取り戻せます。現代人が不自然になったのは、自然な感覚を忘れたからであり、そこから邪気が発生しているのです。

例えば、困っている人がいたら助けることが自然です。それによって、自分も相手も幸せになります。しかし、不自然な状態の人は、困っている人がいても見て見ぬふりをします。これは自分も相手も幸せにはならない選択です。間違った選択をするのは、邪気があるからです。

縄文時代の人やシャーマンと呼ばれる人は、自然と共に生き、自然界からメッセージを受け取り、幸せに暮らしていました。使う文字もただの象形文字ではなく、降りてきた文字を使っていました。今や陰陽五行で使われている「甲乙丙……」という文字も、パワーマークなのです。

自然の流れや感覚を忘れてしまった万人共通の原因の１つは、暦の乱れです。日本では明治5年（西暦1872年）に旧暦が廃止されて、便宜上の理由で

グレゴリオ暦という太陽暦が使われるようになりました。太陽暦は地球が太陽の周りを回る周期を基にして作られた暦ですが、月の満ち欠けを主としながら季節がズレないよう太陽の動きも参考にして月日を定めた旧暦・太陰太陽暦のほうが自然に沿っているのです。「立春」や「春分」などの二十四節気や、更にそれを細かく分けた七十二候も意識すると、自然の流れも感じることができるでしょう。

　また、戦後1945年から、アメリカのものが多く入ってきて、日本人が刺激を求めるようになったたことも、自然から遠のいた大きな原因の1つです。それまでは静かなワクワク感で満たされていた日本人も、自己啓発やマーケティングに触れて、強い高揚感が伴うズレたワクワク感を抱くようになりました。

　食べ物にしても、添加物や保存料が多くなり、スーパーに行けば季節関係なくいつでも何でも売っているので、自然を感じる機会がなくなってきています。果物も花も、ハウス栽培などで同じ状態になっています。そうすると動物的本能が衰え、結果として自然体ではなくなり、直感力も下がるのです。

　東洋の思想では、陰陽五行で分けられた10種類があります。例えば陽の

木は「樹木」、陰の木は「草花」というようなものですが、それら自然界から生き方を学ぶことが、占いを使うということなのです。西洋は狩りの文化でしたから、星空で方角を見ているうちに、天体が心に影響を与えることを発見しました。それが占星術となり、ユングが心理学と結びつけたわけですが、そのような自然の学問を学ぶことが自然で幸せに生きる第一歩なのです。

　スピリチュアル分野の人は「宇宙からは愛が降り注いでいる」「人は幸せになるために生まれてきた」などと言います。スピリチュアルも今や、その多くが科学や実験で証明されているそうですから、その信憑性も高まってきています。ここで言いたいのは、人は本来、幸せになることのほうが簡単だということです。宇宙や自然界の流れのままに、自然体で生きればよいだけですから。

第9章

# 月収100万円を
# 目指す

月収100万円というのは、個人事業主にとっては１つの目標だと思います。何でもできそうなキリの良い金額ですし、それくらいになると法人にしたほうが節税になるからです。そして、それくらい売上を上げることは決して難しくありません。会社で言えば超零細企業レベルですから、大したこともありません。ただ、「それくらい収入があったら……」と夢も膨らむのではないでしょうか。

　実際は税金も驚くほど納めることになりますし、ふわっと売上が上がりますので「こんなものか」と拍子抜けするかもしれませんが、最初はとても嬉しいものです。そして、残りの人生をかけて事業をやるのであれば、毎月それくらいの売上は安定的に上げて頂きたいと思います。

# 月収100万円を稼ぐイメージ

### ❖『本命サービス』を作る

　月収100万円と聞くと、途方もない数字の夢物語のように思うかもしれませんが、実際は１万円の鑑定を月20人に依頼頂くよりも簡単です。難しいと思うのは、イメージが湧かないからでしょう。道筋が分かってやり方が分かれば、それくらい誰にでもできることですから、これからそれをお伝えしましょう。

　まず、ベースとなる事業の考え方は、第３章でお伝えしたことと一緒です。それに100万円を稼ぐためのある要素が加わるだけです。その要素とは、『本命サービス』です。

　本命サービスとは、あなたの強みや能力を活かし、更に高い価値を与える高単価サービスです。１回ずつの単発鑑定ではなく、数か月〜１年くらいをかけて、その人の人生が変わるために全力でサポートをするのです。結果や満足度にこだわり、それだけ熱量や時間を費やし、実際に相手の人生が変わるのですから、30〜50万円のサービスとなるのが一般的です。

　そのサービスを作ることが、月収100万円を目指すうえで最も重要です。目標が月収100万円でなくても、「毎月30万円以上を売り上げたい」「少ない時間で大きな売上を上げたい」という場合も、この本命サービスは必要です。

なぜなら、知名度の低い個人起業家が1か月で集客できる人数には、限度があるからです。フルタイムで動いてもおそらく20人くらいでしょう。それでは20万円くらいしか稼ぐことができません。

　それが、例えば30万円の本命サービスの申込みを頂ければ、それだけで30万円の売上が立ちます。それが月に3件あれば、それで約100万円の売上となります。「そんなに高額なものがそんなに売れるのか」と思うかもしれませんが、実際、鑑定の依頼を3件頂くのも、本命サービスの申込みを3件頂くのも、難しさはあまり変わりません。やることが少し違うだけの話です。

　高単価サービスと言っても、それだけ相手に尽くすわけですから、時給換算すると1〜3万円程度とそれほど高くありません。それでも事業は新規集客が最も難しい部分ですから、それをしない分、時間も使わなくてよいので楽になります。

　イメージとしては、『30万円を頂いて、月2回のセッションを6か月やってあげる』仕事内容はただそれだけになります。もちろん、申込みが入るためのMy成功マニュアルのストレスのない行動をしたり、準備やフォローをしたりということも必要になりますが、鑑定サービスだけで月20人集客するよりも、本命サービスを提供して月100万円稼ぐことのほうが、集客も簡単で仕事も楽なのです。

あなたの人生を
もっともっと応援したいな♪

　本命サービスを作らないことは、ザルに水を入れるようなものです。ただ安価な鑑定を繰り返すだけで、手元にはお金も時間も残らなくなります。本

命サービスをメニューに加えることで、水が溜まるボウルの状態となり、売上も10倍になるでしょう。

## ❖自分の苦手な部分をプロに任せる

　もう少し先までお伝えすると、そこから更に売上を伸ばしたり、継続収入を得たりすることもできます。本命サービスを定期的に提供するだけであれば、自分の強みを活かせば難しくありません。次の段階は、自分の苦手な部分をプロに任せることです。

　僕は初め、ブログだけで集客していましたが、ある時にもう少し販路を広げたいと思い、初めて新規集客にフォーカスをしてメルマガや広告に手を出してみました。しかし自分でやっても効果が得られず、やがて頑張る気力もなくなってきて、新規集客の難しさを痛感しました。そこで、コンサルタントに紹介してもらった専門家にサイトの改善・広告運用・ステップメールのリライティング・SEO対策記事の執筆などを依頼したのです。

　事業の序盤は、いかにお金をかけないかが大事ですが、ある程度売上が上がってきたら、今度はいかにお金をかけるところを見極め、高い費用対効果を得られるかがテーマになってきます。そうして他人に応援されることによって、更に売上を伸ばしていくことができるのです。

　継続収入を得るためには、本命サービスを受けてくれた本気のお客様に対して、更なるフォローをしていくことです。継続セッションや有料の会員コミュニティなど、考えられることはいろいろあると思います。僕の場合は、四柱推命の鑑定書を瞬時に出力するシステムの代理店になっていますので、そのシステム利用料の一部が毎月振り込まれてきます。また、更なる本命サービスや関連サービスの提供・紹介で入ってくるものもあります。

　ここについては小難しく考える必要はありません。本命サービスを受けてくれた人はすでにあなたのファンでもありますから、名刺作成などの普通のサービスもあなたに発注してくれる可能性が高くなります。もちろん全部自分でやる必要はなく、窓口であればよいので、外注してもよいでしょう。何も思いつかなくても、アンケートやヒアリングをしながら事業を進めていくと、何かしらの需要が見つかりますから、その時に考えればよいのです。

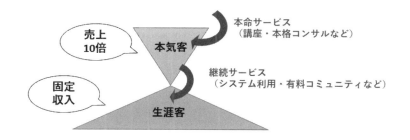

# 高単価サービスに対する悪いイメージを変える

## ❖ 人は、高額なものほど価値を感じて活かそうとする

「１万円程度の鑑定はすることができても、数十万円のサービスなんか売れない」というメンタルブロックはありませんでしょうか？　商品は自信が有るものしか売れませんから、「こんなに高いのは売れない」「価格以上の価値を提供できないのではないか」「人は私にそんなに払わないのではないか」などと思っていては、売れるはずがありません。

　これまでに高単価の物を売ったことがない場合や、自分が高額商品を買って苦しい思いをした場合は、そのように思うのも無理はありません。しかし、それもすでにお伝えした方法でブロックを外したり前提を変えたりすることで改善できます。

　ここでは、高額サービスを提供することに対する悪いイメージを払拭し、良いイメージに入れ替える考え方などをお伝えできればと思います。

　そもそも僕自身が債務整理をするくらい借金返済に苦しみ、高額な契約自体に対して良くないイメージを持っていました。それが今では、高額サービスを肯定的に捉え、逆に低単価で提供することのほうが罪だと思うくらいにまでになりました。それくらいになると、余計な制限がなくなりますので、高単価サービスはどんどん売れていきます。せっかくなので、僕の事例を交えてお伝えします。

　高額なものは、人を不幸にするのでしょうか？　それとも、幸せにするのでしょうか？　その答えは、一概に言えません。なぜなら、その状況や提供

者・受け取る人のスタンスによっても変わりますし、その時は苦しみを感じても、そのおかげで更なる幸福を手に入れることに繋がるからです。これは、僕が過去に大金を支払った対象を振り返って出た答えです。僕はこれまでに、次のようなことに大金を使ってきました。

・浄水器 20万円
・ビジネスの権利 20万円
・教育プログラム 50万円
・心理学の教材 100万円
・ブランドのスーツ等 130万円
・代理店の権利 80万円
・ブランドの時計 60万円
・四柱推命・気学の講座 60万円
・他流派の占術・運命学講座 50万円
・経営塾 50万円
・経営コンサルティング 100万円
・SEO対策ホームページ制作 50万円
・気に入った新車 360万円
・浄活水器 30万円
・出版サポート 250万円
・クラブ会員入会費 60万円

　二十歳の頃の僕はフリーターでしたから20万円の浄水器を月々4400円の支払いで買うのも躊躇していましたが、今では広告運用費やコンサル・講座など、毎月数十万円を当たり前のように使っています。
　振り返ってみて思うのは、高額なものほど価値を感じて活かそうとするため、人生に大きな影響を与えるということです。自分に投資すると、その金額に応じてセルフイメージも一気に上がります。
　ただ、中にはその当時は後悔したものも幾つかありました。しかしそれは

- 充分なフォローがないもの
- 自分から身を引いたもの
- 漂う空気が良くなかったもの

　という要素があることが分析できました。これまで高額なものを契約してきて、本当に良かったと思います。契約していなければ決して人生は変わっていなかったでしょう。今や週5で8時間も働く気力がない僕にとって、未だに派遣やバイトで生活費をなんとかしないといけない状況を想像すると、ぞっとします。

　要は、自分が後悔した要素を除けば高額商品は素晴らしいものなのです。その悪い要素を自分が提供する時に入れないようにし、同時にそれらを反面教師としてより良いものを作るなら、大きなブロックは外れるのです。

　僕の場合は、「しっかりとフォローをすれば相手は後悔することなく、人生に役立ててより幸せになっていくことができる」という考えに至りました。もし他にも気になることがあるなら、あなたも過去に大金を支払った商品・サービスを振り返ってみてください。

# 本命サービスは、何を提供するか

### ❖自分の人生のミッションとリンクしている必要がある

　本命サービスは、自分がエネルギーをかけて本気で提供していくサービスですから、自分の人生のミッションとリンクしている必要があります。同時

に、自分の強みが活かされて、需要があることでなければいけません。この3つの条件に合致することがあなただけが提供できるオリジナルの本命サービスとなるでしょう。まずはその本命サービスを何にしようかと考えないことです。新しいメニューを作る時は、考えないで、調査するのでしたよね。

　求められることと自分がやりたいことがズレているなら、まずは求められていることに焦点を当てることです。もちろん、やりたくないことをやる必要はありませんが、需要があることでやってもいいかなと思うことなら、取り組んでみるとよいでしょう。あなたのミッションが自己満足なものでないなら、人のお役に立つことがやりたいことであるはずですから、使命感を持ってできるでしょう。

　ある程度、"どんな本命サービスを提供するか"が自分の中で決まったら、モニターを募集して、実際にその人が変化するように内容を構築していく必要があります。例えば、どんな資料や動画があったほうがよいのか、セッションは月に何回あったほうがよいのか、どうやって進めて、どのようなフォローがあって、どのくらいの期間サポートするのがベストなのか、などです。

　これらの意見やフィードバックを相手に直接もらいながら、本当に求められる本命サービスを一緒に作っていくのです。そこまでして、ようやく売れるサービスが出来上がるのです。

　その際、本命サービスのモニターは、誰でもよいというわけではありません。これはとても重要なことです。特に1人目は、本気の人を探すことです。なぜなら、受け身の人や熱量が低い人を相手にすると、その人は結局、変わらないからです。本命サービスのクオリティをいくら高めても、最終的に結果を出すか否かは本人次第ですし、途中でやる気をなくされるのも困ります。こちらも「これはサービスとして成り立たないのかな」「これをやるのは、私には向かないのかな」などと錯覚してしまう可能性さえあります。

　ですから、料金も無料でやらないほうがよいでしょう。その相手が友人だとしても、こちらも多くの培ったものを提供するわけですし、お互いが本気になるためにある程度の金額は設定しましょう。そして、自分が作った本命サービスで喜んだ人・変化した人が輩出されたなら、その事例を今後のPR

に使わせて頂くのです。

　このように、本当に役に立ち売れる本命サービスを作るのは、一筋縄では
いきません。協力者を見つけ、時間をかけて試行錯誤しながら作り上げるの
です。ですから、毎月30万円以上を安定的に稼ぐことを目標にした時点で、
重要課題は本命サービスを作ることになります。他の活動に注力することを
一旦やめて、一時的に売上が下がってでもそこにエネルギーを集中させたほ
うがよいでしょう。

　最も早くてやりやすい本命サービスは、占いの講座です。なぜなら、鑑定
をしている時点であなたにはすでにそれだけの知識があるからです。もちろ
ん、講座の資料やプログラムを用意する必要はありますが、講座であれば教
えることで最低限の役割を果たせます。相手の変化や結果を約束しなくても
成り立つのです。

　もちろん、相手の幸せを追求した講座にするに越したことはありませんが、
それは更なるサービスですから、講座料金を上げたり別メニューとして提供
したりすればよいでしょう。

　講座をやることのメリットはまだあります。『占いの帝王・四柱推命　鑑
定師養成講座』これは僕が提供している本命サービスですが、なんとなく高
そうではありませんか？　人はイメージで判断しますから、"講座"という
名前が付くだけでも高くて当たり前だと思ってもらえるのです。

もちろん、それは売れやすいということです。更に、鑑定だけできる人よりも、講座もやっていて鑑定もやっている人のほうが、なんとなく凄そうに思いますよね。講座をやってもやらなくても、鑑定の質はあまり変わらないかもしれませんが、これもイメージの力で、凄そうな人から鑑定を受けてみたくなるのです。

　講座をどうしてもやりたくないとか、早く他の本命サービスを作りたいというなら仕方ありませんが、講座はとりあえずできるようにしておくとよいと思います。なぜなら、いち早く本命サービスをメニューに入れ、学びたいという人が1人現れれば一気に数十万円の売上が立つからです。他のサービスを作りたければ、その後で更に作ってもよいでしょう。

# 高単価サービスを売るマインドセット

### ❀「安いサービス」より「高いサービス」が人を幸せにする理由

　本命サービスを売っていくためには、その高単価な金額でサービスを提供することが自分の中でスタンダードになっている必要があります。これはお金のイメージやメンタルブロックという域を少し超えた、更なる高みへの挑戦と言えるでしょう。

　僕が所属している（社）日本占道協会では、「講座はこの金額以上で開講してくださいね」というルールがあります。でも僕は初めのうちは、そんな高い金額を払って講座を受ける人が、僕のところに現れるだろうか……という不安がありました。

　当初は協会のルールも絶対的ではないと思っていたので、試しに興味があるという人に「1万円×6回でいいですよ」と言って、6万円で講座をやりました。それまでは1.5万円の鑑定メニューが一番高額でしたから、それでも過去最高の販売金額で嬉しかったものです。相手にも喜んでもらえました。

　やがて、その金額で受けてくれる人がもう1人現れ、1回あたり2万円で受けてくれる人も1人現れました。しかし、その3人は、その後ほとんど四柱推命を使っていないのです。3人目の人に関しては、最後の回は断られて5回目までしかできていません。

こうして振り返ってみて思ったのは、やはり安くサービスを受けた人は、その金額程度の価値しか感じないので、それを活かさなくなるということです。例えば、あなたの講座を受講した人が、「私は30万円の講座を受けたんだ」と思うのと、「私は3万円の講座を受けたんだ」と思うのでは、どちらがその人にとって良い人生になるでしょうか？

　前者のほうが、しっかりと価値を感じて活かし、人生を変えることに繋がります。高額のサービスを受けたということは自信にも繋がり、セルフイメージも高まります。自分が講座を開くときにも高額を設定しやすくなるでしょう。安い講座を受けるより、高額な講座を受けたほうが、相手にとって金銭的にも得するのです。

　また、講座を安く提供すると、占いはその程度のものだと誤解される可能性もあります。20万円未満の買い物など、記憶にも残らないのではないでしょうか。もしそうなら、その人は今後もその占いを本気で使うことはなくなるでしょうし、業界の価値も下がってしまいます。そう考えると、適正価格で提供できないことは、相手の可能性を奪い、市場も荒らす罪な行為なのです。

　もちろん、講座を受講した人が、占いをいつ・どれだけ使うかは自由ですし、関心がなくなることも仕方がありません。相手が幸せそうならそれでよいという考えもあるでしょう。僕も後悔はしていません。ただ、こんなにも人生の様々な局面で強力な味方になる『占い』というものを使わないのは、非常にもったいないなと思ってしまうのです。人生を通して占いを活用すれば、様々な局面で良い判断をすることができますし、事業をやるなら尚のこと、成功率に大きく影響するのです。

## ❖頂いた金額の10倍返しくらいの気持ちでやる

　先ほど、安く提供することが"罪な行為"という表現を使ったのは、良い意味で自分を洗脳するためです。協会で定められている講座開講の最低料金は、ある時、そのルールが明示されて絶対的なものになりました。その時、僕は思ったのです。「こんなに高い金額を払う人はいない」と自分が思っていては、潜在意識がお客様を引き寄せない、と。そこで僕は自分を洗脳する

ことにしたのです。

　僕は『四柱推命講座が30万円でも安すぎる理由』というテーマで、思いつくことを箇条書きにしました。

・自分や家族・友人の運勢を良くすることができる
・楽しく充実した人生を送れる
・多くの問題を解決できる
・生き方を学べる
・成長になる
・仕事にしやすい
・会社を観ることもできる
・他のサービスのフロントや付加価値に使える
・コミュニケーションツールに使える
・一生使える（300万円の車も15年で使えなくなる）
・1万円の鑑定を年1回受けるだけでも30年間で30万円かかる
・老後の年金対策とボケ防止になる

　そのようなことを書いていくと、100万円分くらいの価値はあるんじゃないかと思えるようになったのです。そして、払いやすさなども考慮すると、講座を始めたばかりの僕でも決められた最低料金くらいは頂いてよいと思えるようになったのです。そこからポツポツと申込みを頂けるようになりました。

　一度本命サービスが売れれば、あとは時間の問題です。なぜなら、1人に売れたということは、もう"本命サービスが売れる最低条件を満たしてい

る"ということだからです。最低条件とは、高額サービスを売るマインドや、見せ方やセールスなどです。条件が満たされていたから申込みを頂けたのです。あとはその数を増やしたり確率を高めたりしていくだけのことです。

　今、僕は、個別講座の受講料を少し高めに設定しています。それは、クオリティを追求し続けていて満足度も高いので、当然のことだと思っています。講座は自分に合うと思った人から受講するとよいと思いますが、いろいろな先生の講座を検討した結果として僕を選んで頂ける人も少なくありません。

　これは、"人は安いものではなく良いものを買いたいと思っている"ということの証明にもなると思います。

　高額サービスの料金設定についての価値観は、人によって様々だと思いますが、質が金額に見合わなかったりPRで誤解を与えたりすると、相手を後悔させることになります。その辺りをしっかりと押さえたうえで適正価格を設定するとよいでしょう。個人的には、自分が思う価値の半額以下で、かつ、自分が充分に割に合う金額に設定し、頂いた金額の10倍返しくらいの気持ちでやるのがちょうど良いと思います。

大切な本命サービスだからこそ
しっかり伝わるように届けたい。

# 本命サービスを100件売る方法

### ❖「本命サービスを受けるのが当たり前」という前提を作る

　本命サービスが出来てしまえば、それを売るのは難しくありません。すでにお伝えした経営技術や前提を変えていくことなどを、本命サービスに置き換えてやるだけです。ここではおさらいも兼ねながら、追加で大事なことなどをお伝えしたいと思います。

本命サービスを売るために最も重要なことは、「本命サービスを受けるのが当たり前」という前提になることです。本命サービスは、たまに興味を持った人が申し込むのではなく、みんなが申し込むのです。僕は四柱推命の講座を日本中の人が使い、四柱推命がスタンダードになることによって、人も社会も良くなると思っています。ですから、全国民が使って当たり前だと思っています。どうしても関心を持てない人もいますから、少なく見積もっても10分の１、1000万人には広めたいと思っています。鑑定を単発で受けるよりも、自分で使えるようになったほうが良いに決まっているのです。これは自分の中での前提ですから、自分が納得すればそれでいいのです。そもそもそれくらいの熱量があってもよいのではないでしょうか。

　そのような前提ができると、それは潜在意識がそうしていくということですから、かなり強力です。鑑定をするときも、「本命サービスを受ければいいのに」と思いながらやっていると、あなたが発する言葉や空気感が変わり、申し込む人も増えてくるのです。

　本命サービスは、鑑定と違って高額ですから、案内ページをよりしっかりと作り込む必要があります。対面で営業する場合は例外もあるかもしれませんが、少なくとも僕はインターネットだけで数十万円の講座を毎月コンスタントにお申込み頂いています。ブログ等で信用を築くことも大事ですが、やはり講座の案内ページを見ただけで数十万円以上の価値や魅力が伝わるよう、試行錯誤してその確率を高め続けているのです。

　僕の感覚では、30万円くらいまでであれば、案内ページだけでもわりとお申込みを頂けます。ただ、もっと申込み数を増やしたり、もっと高額なサービスを販売したりする場合は、１クッション挟むとよいでしょう。なぜなら、興味があっても何か気になることがあって決断に至ることができない人が多くいるからです。

　本命サービスの１クッションとなることは、相談会や説明会、体験セッションなどのお試しサービスです。ここでのポイントは、お試しサービスにお話会や別テーマのセミナーを位置づけてはいけないということです。なぜなら、そこに集まる人はお話会やセミナーに興味がある人であって、本命サービスに興味がある人ではないからです。

## ❖ 見込み客を集めることを先に考えてはいけない

　ここで復習しておきたいのは、一般的に言われているマーケティングと逆で考えるということです。図の"本気客"とは本命サービスを申し込んでくれた人のことですが、その人が集まるようにすることを優先的に考えるのです。メルマガなどで見込み客を集めることを先に考えてはいけません。その理由はただ１つ。効率が悪すぎるからです。

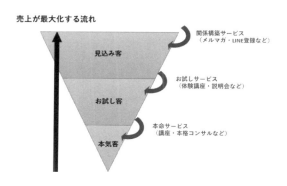

　30〜50万円の本命サービスのお試しサービスに５人集め、そのうち２人が成約するイメージです。お試しサービスに参加してくれた人のうち50％くらいが成約することを目指しましょう。そうすることで、数人を集客するだけで50〜100万円の売上が上がるようになります。

　もちろん、最優先させるべきことは、My成功マニュアルです。今お伝えしたお試しサービスでなくても、他の経緯で本命サービスが売れる統計がとれているのであれば、まずはそれを強化していくとよいでしょう。そのうえで、お試しサービスを作ってみたり、そこに集客するためにステップメールにチャレンジしてみたりするのもよいでしょう。

　また、僕のお弟子さんの中には、講座をやっていても鑑定のほうが好きだと言って、売上よりも鑑定活動に重きを置いている人もいます。確かに講座は毎回同じような内容ですし、お金だけ稼いでも虚しいですから、自分の理想のライフスタイルに合わせるとよいでしょう。それでも、鑑定活動をすればするほど講座に興味を持つ人も現れますから、１件数十万円という大きな売上が、定期的にドカンドカンと生涯を通して上がる状態となるのです。

# 運気の流れを活かす

## ❖ 開運する人が絶対にやっている5つのこと

　これまで触れてこなかったことで、大事なことがまだありますのでお伝えさせて頂きたいと思います。中国で昔から言われている『開運五条件』というものをご存知でしょうか？　これは、『一命・二運・三風水・四積陰徳・五読書』と言われ、開運する人が絶対にやっている五つのことであり、1つも欠けてはいけないものです。

　1つ目の『命』とは、持って生まれた宿命を活かすことで、『命』の種類の占いで観ることができます。2つ目の『運』とは、運気の流れのことで、これについては追ってここでお伝えします。3つ目の『風水』は、環境全体のことを表します。間取りなどを観る家相も風水のうちの1つですが、僕は風水については詳しくありませんので、本書では前述した内容に留めておきます。4つ目の『積陰徳』についても前述した通りで、陽徳ではなく陰徳を積むことです。5つ目の『読書』は勉強のことですが、これもエネルギーを高める方法の1つとしてすでにお伝えさせて頂きました。

　開運五条件のうちまだ説明していない運気の流れについてですが、占いを活用していない多くの人がこれを知らずにもったいない動きをしたり振り回されたりしています。運気の流れには、世の中全体の流れもありますし、個人によって違う自分だけの運気もあります。

　運気のバイオリズムで最も多くの人が興味を持つのが『天中殺』ですので、次の項目で少しお伝えさせて頂きますが、運気は天中殺だけではありません。基本となる12種類の運気の周期があり、数種類の特殊な運気もあります。更に四柱推命ではもっと詳しく出すことも可能です。

　また、年だけでなく、月や日の運気もありますし、大運と呼ばれる10年ごとの社会運もあります。特に社会との関わりによる運気である大運を無視すると、かなり生きづらかったり飛躍しづらかったりするので、本当はそこまで観て頂きたいと思っています。ただ、これらは本書でお伝えできるボリュームではないため省かせて頂きます。ここでは1つだけ、簡単に活用で

きる月の運気の活用をオススメしておきたいと思います。

　僕は毎月の月初にプランニングをする際、四柱推命で運気を確認します。月の運気は他の占いでも観れますので、あなたが学んだ占術で出せるのであれば、それを使ってもよいでしょう。または雑誌やブログにも書いている人がいますので、それを参考にしてもよいでしょう。

　また、毎月1日の月詣りの際、僕はおみくじを引いています。実は、おみくじも占いであり、神社で祈願したことに対する神様からのメッセージだとも言われています。不思議なもので、同じ時期に何度おみくじを引いても同じような内容だったり、何十種類もあるのに続けて全く同じものを引いたりという事例が多々あります。おみくじは決して侮ってはいけないのです。

　なお、おみくじの吉や凶の部分はあまり気にする必要はありません。大事なのは、一般的なおみくじの一番上に書いてある和歌の部分です。分かりやすい説明文章もありますので、それを意に留めるとよいでしょう。おみくじは結んでこなければいけないというルールはありませんから、手帳に挟んでいつでも読み返せるようにしておくのもオススメです。僕は、四柱推命で観た今月の詳しい運気とおみくじを元に、今月のテーマを決めています。

# 天中殺は悪い時期ではない

## ❀新しい自分に生まれ変われるチャンスの時期

　天中殺という言葉を初めて聞く人もいるかもしれませんが、一時期は細木

数子さんがテレビなどで活躍していたので"大殺界"のほうが有名かもしれません。天中殺と大殺界は、ほぼ同じと思って頂いて構いません。ただ、多くの人が大きな誤解をしているのは、天中殺は悪い時期だと思っていることです。確かに、天中殺の時期に大変な状況になる人は少なくありません。しかしそれは、天中殺の一面に過ぎず、天中殺の過ごし方を知らないためにそうなっているだけのことなのです。

　そもそも天中殺とは、普段開かれていない蓋がパカッと開いているような状態であり、何が起こるか分からない時期です。悪いことが起こる時期ではありません。ただ、不安定な時期であるということは間違いなく、それは現実面でも精神面でも言えることです。そこで大事なのは、「その時期をどう過ごすか」です。

　天中殺の時期を、欲望や感情に負けて自分勝手に過ごすと、それは災いに転じやすいです。ただ、世のため人のため、修行と捉えて過ごすことで、通常では考えられないくらい良いことが起こる可能性も秘めているのです。運気のバイオリズムの波があるとしたら、上限の蓋も下限の蓋も開いているようなイメージです。実際、荒川静香選手や羽生結弦選手の金メダルやイチロー選手の大リーグ記録も、天中殺の年の出来事なのです。

　天中殺については本書では書ききれませんが、占いを仕事にしていきたいあなたに、1つ朗報をお伝えしましょう。占いの勉強や修行は、天中殺の時期にやるのがベストです。

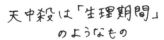

天中殺は「生理期間」のようなもの

とっても自然なサイクルのひとつだよ

なぜなら、天中殺の時期に得た学びなどの無形のものは、有形のものと違ってそのまま身になっていくという性質があり、それも通常の10倍や20倍も成長することができるからです。天中殺がどんな時期なのかを一言で表すなら、『新しい自分に生まれ変われるチャンスの時期』と言えるでしょう。

# 人の和、地の理、天の時

### ❖いかに信用を得られるか

事業を幸せに成功させるには、田舎者からスタートした僕からすると、本当に様々な要素が必要です。しかし、実際に結果を出した今から過去を振り返ってその要素をまとめてみると、本当に簡単な20項目くらいのポイントを押さえていくだけだと思うのです。本書にはそのほぼすべてと言ってもよいくらいの内容を盛り込みました。そして最後にお伝えしたいのは、人とのかかわりに関することです。

「天の時は地の利に如かず　地の利は人の和に如かず」という孟子の言葉があります。「天の与える好機も土地の有利な条件には及ばず、土地の有利な条件も民心の和合には及ばない」という意味です。

エネルギーなどの観点では『天→地→人』の順番で影響が大きいと言えますが、目の前の現実を今すぐ変えていくためには「人の和→地の理→天の時」の順番で重要だということです。孟子は戦国時代の思想家ですから「土地の有利な条件」という言葉が使われていますが、地の利は現代に置き換えると、「事業を行う場所や環境」と幅広く捉えてもよいと思います。

事業をやるうえで非常に大事なのは『信用』です。人は誰からものを買うかと言えば、信用できる人から買うのです。ですから、オンラインでもオフラインでも、いかに信用を得られるかを追求していきましょう。昔の商人は、信用を得るために農家の畑を耕したというエピソードもあるくらい、まずは信用を築くよう努めていたのです。

信用は、何かをしてあげる以外にも、事業の実績を作ったり、資格や賞をとったりと、様々なことで厚くなっていきます。何かをしてもらった時に喜

び上手であることも、それによって相手が喜びますから、好かれて親しみを持たれるので、信用にも繋がるでしょう。

　信用による『人の和』の力がよく分かる事例がありますので、１つご紹介したいと思います。野村萬斎さん主演の映画にもなった歴史小説『のぼうの城』のお話です。父を亡くし総大将となった長親は、以前より「でくのぼう」を略した「のぼう様」と呼ばれ、将に求められる戦の力も知恵もありませんでした。ただ、異常なほどみんなに親しまれる人物でした。

　そんなのぼう様のお城は、わずか500人で、２万人の豊臣軍に攻められ、戦うことになったのです。しかし豊臣軍は、『人の和』の強さになかなかそのお城を落とすことができません。そして最後の手として、水攻めを行います。今でも埼玉県に跡が残っていますが、お城の周りに総延長28kmの石田堤を築き、そこに利根川を流し込んでお城ごと水没させるという大胆な戦略です。そしてお城を沈められて手も足も出ない状態になってしまったのですが、なんとのぼう様はそれさえも破ったのです。詳細は映画を観て頂けたらと思いますが、そのカギとなったのも『人の和』なのです。

　この映画のどこまでが事実かは分かりませんが、普通に考えて、人からの信用があって協力したいと思われるなら、何かをやる時にも大きな力が働きますし、ピンチも必ず乗り越えていけますよね。

# 第10章

# 不安を解消して、前に進む

僕は四柱推命講座をただ教えるだけではなく、鑑定師として活動していくためのフォローにも力を入れているのですが、お弟子さんたちと交流していると、様々な質問や相談を頂きます。

　人はそれぞれ、状況や価値観、持っているメンタルブロックが違いますから、その動けない理由を解消していくことが非常に重要です。自分の考え方や価値観が今の自分の状況を作っているのですから、自分だけで何とかしようとしても、同じことをグルグル考えるだけです。結果を出している人に、アドバイスをもらうようにしましょう。

不安があっても大丈夫!!
まずはどんな不安があるのか
気づくことが大切だよ

　動けずに止まっている状態は非常にもったいないですから、本書の最後は、多くの人にありがちな不安について取り上げることにしました。ぜひ該当する項目がありましたら、参考にして頂けたらと思います。

## やりたい気持ちと安定したい気持ちが葛藤している

　何か新しいことにチャレンジする時、不安があるのは当たり前のことです。それは、心はいつも安定を求めているからです。一方、「チャレンジしたい！」というのは魂の衝動です。魂は、より大きくなりたい・美しくなりたい・輝きたいと願っているのです。

　心は安定を求め、魂は不安定を求めているのですから、葛藤するのは自然なことです。心は、幸せ感や安らぎを与えてくれるので大事ではあるのです

が、人生を進めたければ、心は一旦横に置いておいて、魂に焦点を当てることです。勇気を出して一歩踏み出すことでしか、人生を変えることはできません。

## 今から始めても仕事として成り立つのか

　占いを仕事にしている人は、確かにすでにたくさんいます。そのため集客が難しいのではと思うのも理解できます。ただ、それは気にしすぎです。結論から言うと、全く問題ありません。その理由と対策を３つに分けてお伝えしたいと思います。

　まず前提として、競合が少ない業種など、ほとんどありません。例えば、ホームページ制作や保険の営業マン、士業、印刷屋さんなど、今の時代、何をやっても同業者はたくさんいます。逆に言えば、競合は多いほうが良いのです。同業者が多いほど、それがサービスとして認知されているということであり、需要が多いということだからです。ですから、それらの業種でも事業を成功させることは不可能ではありません。

　ただ、どうしても多くの業種では他と似たり寄ったりになりがちで差別化が難しかったり、数が多すぎて自分を選んでもらえる理由も作りづらかったりします。それらに比べると占いは、同業者がかなり少ないと言えます。試しに、どこか人の集まる場所に行ってみたり、親族や知人に占い師がいるかを聞いてみたり、占い鑑定を受けたことがあるのかを聞いてみたりしてみてください。占いは人から受けるというハードルが少し高いこともあり、多くの人がまだ受けたことがないと言うでしょう。

　逆に、受けたことがある人でも、一度だけしか受けたことがなかったり、あなたがやる占術を受けたことはなかったりもします。更に言うと、何度も受けたことがあるという人でも、人は一度の鑑定で１つか２つのことしか受け取れませんので、状況が変わればまた観てほしいと思うのです。人が幸せを望む限り、占いの需要は尽きることはないのです。

　それに、本書でお伝えした通り、あなたはただ占いをやるのではなく、自分スタイルを確立していくのです。多くの人の信用も得ていくのです。徐々

に、他でもなく「あなただから受けたい」と思ってくれる人が増えていくでしょう。実際、僕の周りには四柱推命鑑定師が何百名といますが、鑑定師同士でお客様の取り合いをしているのを見たことがありません。

　もちろん、初めのうちは基礎を身につける実践練習の要素が強いのであまり差別化にはならないかもしれませんが、知人・友人を味方につけるような無料モニターの募集から始めることを勧めていますし、それを基盤としながら自分のカラーを出して発展させていく事業のやり方もお伝えしていますので、あまり気にする部分ではありません。

## 占いは怖いと思われそう

　世の中には、確かに怖いことを言う占い師はたくさんいますし、「悪いことを言われて落ち込んだ」などの声も少なくありません。しかし、あなたは人を幸せにする占いをやっていくのですから、そのようなスタンスも発信していくとよいでしょう。占い業界・占い自体のイメージを良くしていくことにも、一緒にチャレンジしていきたいと思っています。

　とは言っても、実際はやはり占いに興味を持ち「観てほしい」と言ってくる人が多いのです。占いは当たるものであり参考にしたほうがよいということは、多くの人が認めていることでもあるのです。2020年にご縁があって、初めて企業様でセミナーをさせて頂く機会がありました。その企業・朝日生命さんは定期的に講師を呼んで、職員の方経由で一般の人を集めてセミナー

を行っているのですが、いざ開催してみると過去最高の90名という集客人数となりました。

　占いはそれだけ興味を持っている人が多いということですし、「四柱推命というものをほぼ初めて聞いた」「そもそも占いがどういうものなのかを知らなかった」というような反応を感じました。占いに詳しい一般の人はまだまだ多くありませんから、「占いとは本来、怖くもなければ人を幸せにできる強力なツールなんですよ」と啓蒙・教育していけばよいのです。

包丁と同じだね
正しい使い方を知れば
こわくないし
とってもベンリ！！

## 占いを仕事にすることを家族に反対される

　事業などを始める場合、特に大金が絡む場合は、家族に相談すると大抵は反対されます。なぜなら、自分だけが熱量が高くなり、そこに家族とのギャップが生まれるからです。それを上手く感化させていくことができればよいのですが、その魅力は本人にしか分からないのですから、よほどプレゼンが得意でなければ、それは難しいでしょう。

　どれだけ説明しても相手の頭の中は「占いなんて怪しいことを本気でやるの？」「よく分からないものに数十万円？」という理解になってしまいがちですから、反対されるのも目に見えますよね。

　でも、あなたは本当にそれでよいのでしょうか？　「いつか分かってくれた時にでもできればいいや」と思っても、そのいつかは、いつ来るのでしょうか？　せめて「この条件が満たされたら認めてもらえる」ということが明確になっていなければいつまで経ってもやりたいことはできないでしょう。現時点で、自分の意思と家族の意思、どちらを尊重するか、それを選ぶのもあなた自身です。

誰が何と言おうと
あなたの人生は、あなたが決める。
そのために地球に生まれたんだよ♪

ね？
ろろちゃん

うんっ!!

　ここで、僕の講座の体験講座を担当している妻の星ゆかりがブログに書いた記事を紹介しておきたいと思います。

家族に認めてもらえないと、独立出来ないあなたへ

　四柱推命の体験講座で、親とかパートナーに認めてもらえないと、自分の好きなことをしちゃいけないと思っている方と、立て続けにお話する機会がありました。すごく本人はやる気満々で、ちゃんと「こうしたい！」がハッキリ見えているのに、まずは認めてもらいたい、認めてもらわないと出来ない、という気持ちがあるみたいなんですね。そして、「話し合ってみます」「説得してみます」と言って、その後何にも音沙汰が無くなってしまう方の何と多いことか…うー、もったいない(＞_＜)

　何かを決断するときって、親やパートナーとか他人も環境もお金も実は関係なくって、本当にやると自分で決めれば、認めてもらおうが、もらわなおうが、人はやるからね（笑）自分がそれを選択することに、迷いや恐怖があるからこそ、それを身近な人たちが鏡のように見せてくれてるんじゃないかと思うの。だから、本当は自分は何を恐れているのか、よく見てあげるといいかも知れないね。

　例えば、「大きなお金を支払って、ちゃんと身につかなかったり、仕事に出来なかったらどうしよう」「この道に進むのはとてもワクワクするけど、それだけじゃダメなんじゃないか」「占い師だなんて言ったら、周りから変な目で見られるんじゃないか」「私は四柱推命凄いと思ってるのに、占い嫌いのパートナーに自分が価値を感じているものを、受け入れてもらえないのは、本当の自分を拒否されているみたいで悲しい」とかね。

　私は体験講座で、「四柱推命ってこういうものですよ〜」「こんな風に授業が進んでいきますよ〜」「鑑定師になったら、こんな風にお仕事出来て、収入を増やしていけますよ〜」「あなたのパーソナリティや好きなことと組み合わせたらこんなお仕事が出来ますよ〜」「あなたにはこんな魅力があって、鑑定師になったら、あなたのこの経験やスキルや個性をキャッシュポイントとして活かすことが出来ますよ〜」という感じでお伝えさせて頂いています。また、講座のホームページでも、受講する上で不安に感じるであろう事へのアドバイスをあらゆる面から、とても細かく書かせて頂いています。

それでも、不安はあると思うんですよ。だってそれは、あなたが初めて歩く道だから。しかも、決まった時間働いていれば、決まったお給料がもらえるわけではありません。自由に金額を設定し、自由な時間で働けるということは、全てを自分で決めていく必要があります。誰かに何かを決めてもらったり、親やパートナーの顔色を伺ったり、占い師であることで人目を気にしていたら、絶対に出来ないお仕事なんです。

　もしあなたがこれまで歩いた事の無い道を歩くにあたって、誰かの許可や認めてもらうことが必要だと考えているならば、「私は相手に自分の何を認めてもらいたいんだろう？」と、考えてみて下さい。占いを勉強することなのか、占いを仕事にすることなのか、お金を支払うことなのか、生活時間やスタイルが変わることなのか、収入が安定した額では無くなることなのか、きっと色々あると思うんです。そこを１つ１つクリアにしていけたらいいですよね(^^)

　で、ぶっちゃけ未来のことなんて、どんな道を歩いたとしても、保証なんてないんですよ。ましてやそれを、事前に誰かに証明することなんて出来ません。だから、ちゃんと稼げるんだろうか？なんて、今から気にしててもしょうがないし、踏み出さない限り、あなたの人生は、何にも変わりません。そのまま人の顔色伺って、夢を見て立ち止まっているか、思いきって飛び込むかの、二択しかないんです。本当に魂が求める道ならば、お金も人とのご縁もチャンスも、必ず天が与えてくれます。信じられないかもしれないけど、そんな風に出来ているんです。本当に魂が求める道ほど、飛び込むのに勇気がいります。だけど、思いきって飛び込んだ先には、勇気を出したものにしか見れない、想像を超えた景色が拡がっています。あなただけの絶景に、ぜひ出会いに来て下さいね(*^^*)

--------------------------------------------------------------------------------

　中には、家族に内緒で始める人もいます。僕は講座資料を事前に郵送しているのですが、「送り主を個人名にしてください」「郵便局留めにしてください」とお願いされることもあります。家族の同意が得られないなら、まずは内緒でやるのも有りだと思います。もちろん、「家族に反対されながらや

る」という状態は潜在意識的にもよくありませんので、いつかは認めてもらう必要がありますが、結果を出したら認めてもらえる場合もあります。また、どうしてもやりたいのにやれないというのは、自分の人生を生きないということにもなるとも思います。

　内緒でやりたくないという場合は、相談するのではなく、「私はもう決めたから！」と宣言するとよいと思います。そもそも自分の妄想だけで「反対されそう」という理由で思いとどまっている人もいます。占いとは何かを自分がしっかりと理解することで自信を持ち、堂々と話してみるとよいでしょう。どのみち、自信を持てないことをやっても、上手くいくわけがないのですから。

## 学びたい講座が高額で迷っている

　質が高い講座ほど、高額になるのは自然なことです。なぜなら、それが金額を設定した人の自信の表れであり、それを適正価格だと思ってその値段にしているからです。もちろん、セルフイメージが低い事業家や別の価値観を持つ先生などは、質が高くても安く設定している人もいます。ただ、その逆はないのです。なぜなら、高額で質が悪いサービスは持続することができないからです。もし、あなたが受講したい講座が高額なのであれば、諦めるのではなく、次のことを参考にしてみてください。

　まず、「高額だから迷っている」というのは、本質的ではありません。金額が高いとなぜ迷うのかという『本当の理由』がその先にあります。例えば、「元をとることができるのか」「生活が苦しくなるのではないか」「まとまったお金がない」などがあります。悩みや迷いを自分で解決するのに有効な方法は、とにかく思ったことを紙に書き出してみることですから、迷っている本当の理由を紙に書いてみましょう。

　そうすることで、ただ漠然と高いと感じていたものが、チャレンジしてみる価値があるのか、それとも今はまだそのタイミングではないのか、どういう条件を満たしたらそのタイミングが来るのかなどを判断できるようになるでしょう。

そもそも、自分が望む未来と講座の内容は合っているかは、確認しておいたほうがよいです。自分が求めているものを明確にすること、そしてそれが得られるのかを見極めることはとても大事です。ホームページに書いていなくても、お客様が大金を払うということになりますから、講座の提供者は質問・相談に答える義務があると思っています。どんな未来を得たいのか、そのためには何が必要なのか、その講座を通してそれが得られるかどうか、不明なことがあれば問い合わせてみましょう。明確なことが分からないために迷っているのは時間の無駄です。気になることはすぐに確認し、早く判断しましょう。

## 受講費が足りない

　当たり前のことですが、収入から支出を引いた分が、自由に使えるお金ということになります。一般的にお金が余るということはあまりありませんから、意識しなければやりたいことに当てるお金を用意したり貯金したりすることは難しいと思ってよいでしょう。

　やりたいことのために必要な費用を捻出するためには、まずは、『収入がいくらなのか』そして、『毎月の支出は、何にいくら必要なのか』の収支を明確にすることです。特に支出は、通帳などを確認して、何にいくら使っているのかを１項目ずつ書き出しましょう。その段階で、支出の合計より収入が多ければ、"何に使っているかを把握していない支出がある"ということになりますので、その分は削ることができるはずです。

　支出については、各項目を１つずつみて、節約できないかを検討してみま

しょう。趣味に使っているものやお菓子などの無駄遣いは、真っ先にカットする気持ちが大事です。それから、食費や通信光熱費なども節約できるかもしれません。資産運用や貯蓄目的の定期預金は、利率も大したことがない場合が多いので、解約して自己投資に充てたほうが見返りは大きいかもしれません。

　また、払いすぎている生命保険など、解約や減額をしても問題がない金融資産がないかを見直してみましょう。更に、返済しているものがあれば、それをリボ払いに変更するなどして月額の支払いを減らせる可能性もあります。ものによっては、支払いや借金の返済を待ってもらうこともできるかもしれません。

　支出を減らすのには限界がありますから、収入を増やすことも考えてみましょう。仕事を増やす、家族に出してもらう、持ち物を売る、クラウドファンディングで集める、融資を受ける、給付金や助成金の対象になっていないかを確認する、などの方法がありますね。本当にやる気があるのであれば、それができるように調べたり工夫したりすることです。

　また、講座の提供者にクレジット決済や分割払いができないかを確認してみましょう。クレジット決済であれば、後からカード会社に直接連絡するかマイページの操作で分割払いに変更することができます。分割手数料はかかりますが、それ以上を稼ぐという覚悟で決断し、資金ができてきたら残金を返済するとよいでしょう。そうすれば、その分の手数料はかからなくなります。

　クレジットが使えない場合は、デビットカードや銀行振込での分割払いと

なりますが、提供側からするとそれは業務を煩雑にしたりリスクを負ったりすることでもありますから、少額の分割払いは対応していない場合が多いでしょう。それでも、相手は人ですから、交渉すると受け入れてもらえる可能性はあります。僕の場合は、自分が分割払いにしてもらって四柱推命を習得できたので、分割手数料を頂いて対応することにしています。

## 知識を覚えられないのではないか

　占いをやるうえで、確かにそれなりの知識を覚える必要はあります。ただ、それはそこまで気にする必要はありません。なぜなら、知識はやりながら徐々に覚えればいいからです。知識を覚えるために必要なのはアウトプットですから、鑑定を始める前から十分な知識を身につけるのは不可能と言ってもよいでしょう。アウトプットするという意味では、ノートにまとめたりブログに書いたりすることでも知識は身につきます。

　ただ、知識量と人を幸せにすることは、ある時点までいくとあまり関係性がなくなります。いつまでも1人で覚えるためのことをやるよりも、早く実践をして、知識が少なくても人を幸せにする術を身につけたほうがスキルアップも収入アップも早くなるでしょう。

　無料モニターの募集から始めることをお勧めしているのは、知識を覚えることも含めてですから、存分に協力してもらいましょう。みんな、あなたの役に立ちたいのです。

## 良い鑑定をする自信がない

　占い鑑定に自信を持てないのは、初めのうちは当たり前です。知識も少なければ経験もなく、実績もないからです。ただ、学んだ内容に自信が持てないというのは、おかしな話です。占いで出た結果は、先人たちが築き上げてきた学問を元にしているのですから、せめてそこは自信満々に伝えましょう。最初のテーマはとにかく大量行動ですから、数をこなしましょう。

　また、自分の得意な領域を見つけてそこに特化していくことも自信に繋がります。というのは、最初は幅広い層の幅広い相談に応える状況から練習を始めますが、自分スタイルを確立することで苦手なことはあまりやらなくてもよくなるからです。僕も、恋愛・不倫・健康などを主とした鑑定はしないようにしています。もちろん四柱推命の基礎や更なる運命学は学んでいますので何かしら応えることはできますが、それらは経験も関心もあまりありませんから、そういう相談にはもっと適した鑑定師がいると思うのです。

　占いの種類によって、できることとできないことがあります。例えば、四柱推命では、守護霊や悪霊、トラウマ、寿命、スピリチュアルなメッセージをもらうことなどはできません。できないことをやろうとすると自信がなくなるのは当然ですから、そこは明確に伝えておきましょう。

　また、「収入を10倍にできます」「結婚できるようになります」「夫婦関係が良くなります」など、結果を約束する表現も避けましょう。それらは自分ができることではなく、最終的には相手次第のことですから、自信なんて持てるわけがありません。相手も信じ難いと思いますし、余計に信じられるとクレームにもなりそうです。

　また、鑑定時に何を話していいか分からなくなる場合のよくある原因は、ヒアリング不足です。問題解決は、問題が何かを見極めることが一番大事です。ヒアリングをしなければ、問題も明確にならず、解決方法も分からなければ何を話してよいか分からないのも当然です。確かに、占いを学べばその結果から言えることはたくさんあって逆に迷うということもあるかもしれませんが、ヒアリングをしなければ的確なことは言えないのです。極端に言え

ば、占いを一旦横に置いておいて普通に人生相談に乗り、必要に応じて占い結果を交えて伝えるくらいでもよいのです。

　最初は自信がないので、経験を積んで自信を持てるように……という観点で幾つかお伝えしましたが、実は、占い鑑定をするうえで自信があるかどうかは、どうでもよいことです。自信よりも大事なのは『他信』です。他信とは、相手の未来を信頼することです。自分の大事なことは目の前の人の未来を、より明るいものにすることです。それを信じてあげることです。

　もっと言えば、相手の幸せを祈ることです。お祈りは、神社参拝の時だけすればよいというものではありません。鑑定もその準備も、すべての行動を祈りとセットで行うのです。祈ることは、ただ相手を信じてあげるというだけの意味に留まりません。集合意識経由で影響を与えるという力があるのです。その証拠に、多くの宗教や民族は祈りを重要視していますし、天皇陛下も毎日祈ることが仕事なのです。

## 子育てをしながらどこまで活動できるか

　子供がいるということはそこにかかるエネルギーも大きいと思いますが、活動ができなくなるわけではないと思います。僕の講座の受講生さんの中には、妊娠中から生後数か月〜2歳くらいの赤ちゃん、小学生やもっと大きな子供など、様々な状況で受講されるお母さんたちがいます。いろいろな子育ての段階で占いの勉強や実践するのを見てきて思うのは、まず、学ぶのはど

の段階でもできるということです。そして鑑定をバリバリできていくのは、やはり赤ちゃんが少し大きくなってからのようです。

　ただ、「小さな赤ちゃんがいるから鑑定活動ができない」と思う必要はありません。それも思い込みであり、鑑定ができない理由にはならないのです。というのは、赤ちゃんがいても大丈夫な人を相手にすればよいのです。鑑定の案内ページに赤ちゃんがいる旨を明記すれば、途中で泣かれてもあまり問題ありません。逆に、同じように赤ちゃんがいる人やこれから産む人にとっては、そのことについても話を聞きたいはずなので、最もお願いしたい対象になるかもしれません。

子育てをしている
それだけですごいよ！
その全てが
あなたのお仕事にも
必ず活きてくる！

やっと寝た

　赤ちゃんの性格や状態によっては、一緒だと鑑定が難しい場合もあるかもしれませんが、一時的に誰かに見ておいてもらうなどの対策も考えられるでしょう。スケジューリングの項目でも触れましたが、あけられる時間はどこかあるのではないでしょうか。ピンポイントでしか時間をあけられなくても、あけられるかどうかが曖昧でも、それを明示しておいて了承してくれる人を相手にすればよいのです。

　それでも時間が取れないというなら、今はまだタイミングではないのかもしれません。子育ても立派なお仕事ですから、今はそこに専念するのもよいと思います。まずは占いを学ぶだけ学んで子育てに使うのもよいでしょう。子育てから手が離れた主婦が、占いを仕事にして活躍するケースも珍しくあ

りませんから、焦らないことです。「早く占いを仕事にして稼がなければ」と思っている状況の人もいるかもしれませんが、不安や焦りからくる判断は、大概、ろくなことになりません。まずは子育てで占い結果を検証しておくだけでも、今後に生きてくるでしょう。

## コミュニケーションが苦手

　占いを学び、鑑定をして喜んで頂き、人の幸せを追求していくためには様々な能力が必要であり、成長していくことは必須です。ただ、人にはそれぞれ千差万別の資質があり、そのすべての要素が良くも出るし悪くも出る表裏一体のものです。

　よく「私は占いをやることに向いていますか？」という質問を頂きますが、向いていない人なんていません。占いを仕事にするうえで最も大事な要素は、「人を幸せにしたい！」という気持ちであり、それ以外の生まれ持った資質は、良く出るように活かせばよいだけだからです。

　確かに占いは人を相手にするという意味ではコミュニケーション能力が必要な職業です。ただ、コミュニケーションにもいろいろあります。気遣いや心遣いが得意な人、本質を突くのが得意な人、直感力が優れている人、教えるのが得意な人、なぜか目上の人に可愛がられる人、人が集まってくるようなスター性のある人、ただみんなと騒ぐのが好きな人、歌や料理で魅了する人、メールのやり取りが得意な人……これらはすべてコミュニケーションです。

僕自身も、人にはあまり興味を持たない星回りで、昔から人見知りです。1人でいることが好きなので普段も仕事以外ではあまり人と会うことはありません。人と会っても何を話していいか分からないのです。すぐに話題に詰まるのですが、今は占いをコミュニケーションツールとして使うことでなんとかなっています。僕が得意なのは、文章を書くこと・情報をまとめること・教えること・欠点を見つけてダメ出しすることです（笑）。それでも人を幸せにする占いの仕事は成り立つのです。

　要は、人それぞれ自分に合ったスタイルがあるということです。僕のような人であれば、鑑定する時も相手のことを教えるスタイルでやればよいです。知識を覚えるのが苦手なら、解説書を作っておいてプレゼントすれば喜ばれます。何を話していいか分からず口数が少なくなっても、背筋を伸ばして堂々としていれば凄そうに見えるのです。着物を着て占い師のアイテムを1つでもテーブルに置いておけば、完璧です（笑）。

　逆に、人を気遣う人のほうが、エネルギーを持っていかれやすいというデメリットがあります。人に興味がなければその度合いは少ないですし、無駄話をせずに効率よく鑑定をこなしていくことができます。もちろん、コミュニケーションが得意な人は、それを活かせばよいです。自分の資質が良く出るように活かし、悪く出ないようにすれば、どんな人でも占い鑑定を使った仕事は成り立つのです。

## ブログを書くのが苦手

　本書ではブログを書くことについてお伝えしていますが、これは僕がそれで成果を出したからです。苦手なら、やらなければいい、ただそれだけのことです。もちろん、何かしらの方法を使って自分を知ってもらう数を増やしていく必要はあります。でもそれは、他のSNSでもよいですし、音声や動画の配信でもよいのです。アナログな方法でも構いません。

　継続は力なりと言いますが、基本的に大変なことは続きませんから、大変じゃないことをやることです。頑張って続けるのではなく、頑張らなくても続くことをやるのです。それがあなたのMy成功マニュアルなのです。

でももし、文章を書くのが嫌じゃなかったり、ブログ自体に抵抗がなければ、一度トライしてみてください。というのは、ブログは記事としてしっかり残りますし、徐々に多くの人に見てもらうことができるからです。

　ブログは自分の発信媒体ですから、規約に反していなければ自由に使ってよいのです。よく「何を書いたらいいか分からない」「頻繁に更新できない」「ちゃんとした文章を書けない」と言って躊躇する人もいますが、好きな時に、好きなことを、好きなように書けばいいのです。

　どうしても書くのが嫌なら、例えば動画を撮ってYouTubeを貼り付けるだけでもよいのです。それでも億劫に思って全然更新できないなら、あなたには向いていないのでしょう。更新されていないブログは活動していないと思われますから、やらないほうがよいかもしれません。

## 本名や顔を出したくない

　占いを仕事にしたいと思っても、「本名は出したくない」「顔を出したくない」という人も少なくないようです。結論から言うと、本名も顔も出さなくても活動はできますが、できれば公開しましょう。世間体などは気にしないことです。「みんなにどう思われるだろうか」「顔を出してまで大々的にやらなくても」というような理由で顔を出さないのなら、そんな気持ちでやる事業など上手くいきません。

残りの人生という限りある時間、占いを仕事にしていく選択をし、決断して挑むということは、ある意味、命を懸けているのです。「誰に何と思われようが、自分のすべてをさらけ出してでも、私はこの仕事で人を幸せにし、世の中に貢献していく」というくらいの覚悟と姿勢が必要です。そのほうが信用を得られて申込み率も上がるでしょう。

　もちろん、事情があって公開したくない場合や、女性はストーカーなどのトラブルも考えられますので、抵抗がある人は「ビジネスネームでやる」「横向きの写真を使う」などの対策をするとよいと思います。ただ、その際に注意しておきたいのは、できればどんな人なのかの雰囲気が分かる写真を使い、名前もすべて平仮名にしたり旧姓を使ったりと、信用性のあるものを使うことです（占い師名を作るのもありです）。というのは、実在するかも分からなければどんな人かも分からないのは信用性に欠けるからです。

　顔写真が全くないと、ちゃんと活動をしていないと思われます。また、アバター（自分の顔に似せたキャラクター）は、アフィリエイトなどのネットビジネスをしている人だと思われがちです。動物や風景の写真も信用性に欠けます。中には、顔を出さないブランディングをしている人もいますが、彼らは記事が充実しているので、そこで信用を得ているため成り立っているのです。

## ターゲットが決められない

　よく「ターゲットを決めましょう」とか「想定する１人のターゲットに絞りましょう」と言われるので、それに悩んで事業を始められない人も多いよ

うです。これは、ある意味で合っているのですが、信じすぎないほうがよい
かもしれません。確かに1人を想定することで、専門性や独自のカラーを出
したり、サービス内容のクオリティを高めたり、より響くPRをすることが
できるようになります。ただ、ターゲットは事業の序盤ではあまり絞らない
ほうがよいです。

　なぜなら、その絞ったターゲットと自分を頼ってきやすい層がズレていた
ら、そこでミスマッチが起こり、逆に集客が上手くいかなくなるからです。
例えば、経営者を相手にしたいのに自分の周りには主婦層しかいなければ、
まず経営者に会うためにどうするかから考えなくてはなりません。それでは
時間や労力やお金などがかかってしまいますし、実際に経営者に会えても自
分を選んでもらえるかは、博打のようになってしまうのです。

　ターゲットを絞るための賢明な方法は、まずは自分が相手にしたい層を
ざっくり決めることです。『前向きな会社員・女性』など、年代・職業・ラ
イフスタイル・仕事観・人生観などをなんとなくでOKです。そこから実際
に活動していって、傾向を探っていくのです。

　自分がどんな人にどのようなことで頼られやすいのかの傾向が分かってく
れば、そのような人向けにサービスを強化していくことができ、それが差別
化・自分スタイルの確立・ターゲットを絞るということに繋がっていきます。
自分がやりたいことよりも、まずは求められる人に求められることをして
いったほうが、事業が上手く回ります。やりたいことは、その先で徐々にシ

フトしていけばよいですし、そのほうが早く実現することができるでしょう。

　なお、ターゲットは、競合となる人が目立ってきたらもう少し絞ればよい
のであって、１人にまで絞らなくても問題ありません。現に僕自身もあまり
絞っておらず、OL・主婦・経営者など、幅広いお客様に選んで頂けています。

## 一歩を踏み出す自信がない

　多くの人が、自信がないという理由で一歩を踏み出すことができていませ
ん。しかし、自信なんて始める前からあるわけがないのです。未来のことは
分かりませんから絶対的な自信など持つことも不可能です。

　誰もが自信がない状態で一歩を踏み出し、経験を積んで少しずつ自信をつ
けているのです。行動するために、自信があるかどうかは関係ありません。
「自信がないからやらない」のではなく、「自信がない。そしてやる」という
だけの話です。中には、「実績や知名度がない」「オリジナルのコンテンツが
なく、差別化ができていない」ということを不安がる人もいますが、それも
初めからあるわけがないのです。本書でお伝えしたことを着実にやっていけ
ばよいだけのことです。

　迷っているということは、やりたい気持ちがあるということです。じゃあ
やればいいとシンプルに考えるとよいでしょう。やりたいのにやらないで、
社会や家族がどうだとか無駄に迷っている時間は非常にもったいないです。
複雑なのは世の中じゃなくて頭の中なのです。

　それに、迷えるということは、それができる可能性も秘めているというこ
とです。例えばあなたが社会人になってからフィギュアスケートを始めたと
します。趣味のつもりがどうせなら目標を持とうと思って、いつの間にか
大会にも出るようになったとします。でもおそらく、「プロの選手になりた
い」「オリンピックに出たい」とは思わないでしょう。それは、それを実現
するのはかなり無理があると思っているからです。あまり「それは無理」と
可能性を潰したくはありませんが、実際、今から始めても難しいでしょう。
要は、できない可能性が極めて高いことに対して、人は迷わないのです。自
分にもできるから、迷えるのです。

踏み出せば、その一歩が道となりますが、踏み出さなければ、誰かに決められたレールに沿って運ばれていくことになるでしょう。それはあなたの理想とはかけ離れた地獄のような世界に向かっていくかもしれません。僕には社会情勢などの難しいことは分かりませんが、二極化が進むとも言われていますし、なんとなく自立できない人、特に、自分の人生を自分で決められない人はヤバイんじゃないかと思います。もし今が分岐点だとしたら、あなたはこのまま何もしない人と、未来に向かってチャレンジしていく人とでは、未来にどんな違いがあると思いますか？

　自分の人生は、自分で責任を持ちましょう。他の誰があなたの可能性を信じてくれなくても、他でもない自分が自分の未来を信じてあげましょう。そして、いつ何をするのかを、自分で決めるのです。

望む未来へ
走り出そう!!

# おわりに

　最後までお読みいただき、ありがとうございました。文中で何度か、僕の能力は情報をまとめることだとお伝えしましたが、僕は新しいことを学んだら、それがまとまっていないと落ち着かない性分なのです。ですから、これまでも、マーケティング、経営技術、四柱推命、その他の占いや更に次元の高い運命学などを自分なりにまとめてきました。四柱推命についてはあまり触れられませんでしたが、本書はそれらの重要な要素を盛り込んだ集大成と言えるでしょう。

　多くの質の高い情報をまとめ、自分なりに使い、事業活動を通して幸福度を上げて、それを人にお伝えできるようになったのは、すべて自分の能力や努力でしてきたことではありません。完全に、良いご縁を頂き学ばせて頂いたおかげです。情報をまとめて完成させたものが、僕の独自ノウハウのように見えるかもしれませんが、オリジナルなことはほとんどないのです。もちろん、すべて自分で実践して成果を出し、腑に落としたうえで僕なりの表現や考えも盛り込んでお伝えさせて頂いていますが、ベースになるのはそれぞれのプロたちから教わったことなのです。

　経営技術や前提という考え方を教えてくれたのは山田研太さん、事業を飛躍させるためのより具体的な助言をしてくれたのは川越恵さん、四柱推命を教えてくれたのは鳥海伯萃先生です。そして、心のステージ・エネルギー・邪気払い・集合意識などの更なる運命学は小田真嘉さん・羽賀ヒカルさんをはじめとした北極流の皆様から学ばせて頂きました。貴重な出会いとクオリティの高い情報を、ありがとうございました。

　この本は、多くの人の希望の光となり、また、情熱の火種となり、人から人へと広がって社会全体がより豊かになるよう願いとエネルギーを込めて書かせて頂きました。占いに限らず、自分で自立して仕事をしていきたい方から、すでに占いを仕事にしている方まで、幅広い層に役立つような内容としました。それでいてできるだけ具体的に分かりやすく書いたつもりです。この本の通りにやれば月10万円〜100万円くらいは稼げるようになるのではと

思っています。

　そして、稼ぐことはゴールではありません。あなたは、そもそも何がしたいのですか？　どう生きてどのように人生を終えたいですか？　残りの人生、どんな命の使い方を考えていますか？　そんな原点に立ち返り、そのために事業をやるなら、それはブレない軸となり、モチベーションも下がらなくなります。

　僕が人生を通してやりたいのは、地球人として最高の生き方を追求するコミュニティ作りです。インディアンは七代先の子孫のことまで考えて暮らしていると言いますが、利便性を追求しながらも自然と共生し、人にも地球にも優しいライフスタイルとは、どんなものでしょうか？　みんなが自然体で幸せに生きるのは、どうすればよいでしょうか？　そのようなことを、一緒に考え、実行していく仲間を作りたいのです。

　本書と縁のあったあなたは、占いに関心を持っていると思います。今後、活動を共にするにしても別にするにしても、占いが人の幸せを追求するための大きな助けとなることは間違いありません。事業としても成り立たせやすいです。まずは占いを仕事にしながら、自分と周囲の人をより幸せにし、その輪をどんどん広げていってはいかがでしょうか。そのために必要なことは、本書に凝縮して詰め込んでいますから、ぜひその時々で自分や他人のために読み返して、ボロボロになるまで使って頂ければと思います。

　気持ち新たに、美しい人生のスタートを切りましょう。

　あなたの更なる成功と幸せをお祈りします。

ありがとうございました!!

## 著者略歴

### 星 絢 （ほし けん）

㈱地球人 取締役
㈳日本占道協会 認定師範

　1981年2月4日生まれ。青森県出身。高校卒業後に上京し、20代の頃から起業を志すも、幾度となく失敗。20代最後に人生の方向性を見失い、半年間箱根に住み込みながら生き方を探求。500万円の借金も返済不可能となり債務整理を経験。

　その後、人生をかけたコミュニティ事業も低迷しているときに四柱推命の師である鳥海伯萃先生と出会い、占いの勉強を始める。

　更に自分の成功マニュアルを作る経営塾や更なる運命学との出会いもあり、それまで上手くいかなかった事業・結婚を成功させ、お弟子さんグループ約300名の活発なコミュニティの形成も成し遂げる。

　今は、無借金・年商3000万円にまで会社を成長させ、四柱推命鑑定師・講師の養成を主軸としながら、より多くの人や世の中を更に豊かにしていくことを追求している。

　夢は、"1000年先へつなぐ地球家族"をテーマとしたみんなが満たされるコミュニティを作ること。

　活動目的は、地球人として最高の生き方を追求し、そのスタイル・価値観を広げていくこと。

 **本書を更に活用するための3大特典**
http://suimei.hpjt.biz/benefits.html

 **ブログ**
https://ameblo.jp/4suimei

 **四柱推命講座**
http://suimei.hpjt.biz/blog/menu/

オンライン対応
占い起業のはじめ方、成功の技術

2021年2月5日　初版第1刷
2022年4月25日　初版第2刷

| 著者 | 星　絢 |
| 発行者 | 河野和憲 |
| 発行所 | 株式会社 彩流社 |
| | 〒101-0051 |
| | 東京都千代田区神田神保町3-10　大行ビル6階 |
| | TEL：03-3234-5931 |
| | FAX：03-3234-5932 |
| | E-mail：sairyusha@sairyusha.co.jp |
| 印刷 | モリモト印刷（株） |
| 製本 | （株）難波製本所 |
| 装丁・組版 | 中山デザイン事務所 |

©Ken Hoshi, Printed in Japan, 2021
ISBN978-4-7791-2725-0 C0034
http://www.sairyusha.co.jp